발달장애 내 아이를 위한

말하기·대하기 수업

아이의 짜증, 불안, 패닉을 줄이는
917가지 교육 노하우

발달장애

내 아이를 위한

말하기·대하기
수업

고지마 유키 지음 | 가나시로 냥코 그림 | 이은혜 옮김

시그마북스
Sigma Books

발달장애 내 아이를 위한
말하기·대하기 수업

발행일 2025년 5월 2일 초판 1쇄 발행
지은이 고지마 유키
그린이 가나시로 냥코
옮긴이 이은혜
발행인 강학경
발행처 시그마북스
마케팅 정제용
에디터 최연정, 최윤정, 양수진
디자인 정민애, 강경희, 김문배

등록번호 제10-965호
주소 서울특별시 영등포구 양평로 22길 21 선유도코오롱디지털타워 A402호
전자우편 sigmabooks@spress.co.kr
홈페이지 http://www.sigmabooks.co.kr
전화 (02) 2062-5288~9
팩시밀리 (02) 323-4197
ISBN 979-11-6862-353-8 (03370)

ブックデザイン 山原望
コラム制作 江本芳野(有限会社エーアンドイー)

* 시그마북스는 (주)시그마프레스의 단행본 브랜드입니다.

들어가며

대학교 1학년 때 참여했던 봉사활동에서 발달장애가 있는 아이를 처음 만났습니다. 저는 그때 받았던 충격을 지금도 잊지 못합니다.

초등학교 2학년 남자아이였던 세이지는 다른 사람과 눈을 잘 맞추지 못하고 일방적으로 자기 이야기만 늘어놓으며 과잉행동(움직임이 지나치게 많은 상태) 증상을 보이는 아이였습니다. 솔직히 처음에는 조금 놀라기도 했지만, 기본적으로는 세이지도 여느 아이와 다르지 않게 자동차를 좋아하는 해맑은 아이였습니다.

그런데 봉사활동을 마친 후에 세이지 같은 아이들이 등교를 거부하거나 집과 학교에서 난폭한 행동을 하는 일이 끊이지 않는다는 말을 들었습니다. 어른들이 발달장애 아이를 대하는 올바른 방법을 몰랐을 뿐인데, '버릇없는 아이', '성격이 포악한 아이'로 치부되어 홀로 방치되고 상처받다가 결국 문제를 일으킨다고 하더군요. 망치로 뒤통수를 얻어맞은 기분이었습니다.

저는 그 일을 계기로 발달 지원 분야를 공부하게 됐습니다. 책상 앞에 앉아서 이론만 파고들지 않고 직접 실천해볼 수 있는 기회도 만들었습니다. 대학 시절에는 발달장애 청년들의 여가 활동을 지원하는 단체 'PASSPORT'를 설립해 2년간 대표로도 활동했고, 가정교사로 활동하면서 발달장애 아이들을 직접 가르치기도 했습니다.

대학을 졸업하고 오랜 꿈이었던 교사의 길을 걷게 됐지만, 그때나 지금이나 여전히 발달장애 아이들을 도울 방법을 공부하고, 또한 실천하고 있습니다. 강연과 연수를 통해 제가 가진 지식을 널리 알리는 일도 계속하고 있습니다. 지난 20여 년간 교실에서 지도하거나 학회 등에서 조언하면서 2,000건이 넘는 다양한 사례를 지켜봤고, 그 과정에서 이런저런 특성을 가진 아이들을 만날 수 있었습니다.

- 새로운 것에 대한 두려움이 너무 강해 초등학교에 가지 못하는 아이
- 수업 중에 의자에 앉아 있지 못하고 일어나서 돌아다니는 초등학생
- 숙제로 풀어 온 문제 중 하나만 틀려도 공황 상태에 빠져 소란을 일으키는 중학생

이런 아이들과 신뢰 관계를 형성하려면 어떻게 해야 할까? 아이들에게 미소를 되찾아 줄 방법은 없을까? 아이들에게 지금보다 편하게 생활할 방법(기술)을 가르쳐주려면 어떻게 해야 할까?

시행착오도 많이 겪었습니다. 동료들과 함께 머리를 맞대고 논의하기도 하고, 미국을 비롯해 여러 해외 교육 현장을 견학하면서 연구에 연구를 거듭해나갔습니다. 그렇게 쌓아온 지식과 노하우 중에서 가장 효과적으로 아이들을 도울 수 있는 사고방식과 기술을 엄선해이 책에 담았습니다. 주로 초등학교 저학년(1~2학년) 아이를 대상으로 정리했지만, 발달 단계에 따라서는 중학년(3~4학년)이나 고학년(5~6학년) 아이에게도 도움이 될 수 있습니다.

또한 교육 현장에서 깨달은 생각과 기술들이지만, 가정에서도 충분히 활용할 수 있다고 생각합니다. 그래서 이 책에서는 선생님만이 아니라 보호자에게도 도움이 되길 바라는 마음으로 양쪽을 통칭해서 '어른'이라는 표현을 사용했습니다.

이 책에 등장하는 '아이'라는 표현도 별도의 언급이 없다면 '발달장애가 있는 아이' 또는 '경계선(그레이존)에 있는 아이(진단은 받지 않았지만 발달장애일 가능성이 있는 아이)'를 의미합니다.

아이에게 어떤 특성이 있든, 아이들은 모두 우리의 보물입니다. 하지만 보물을 지키고 건강하게 키우는 일은 그리 쉽지 않습니다. 특히 남다른 특성이 있는 아이를 보살피려면 그에 맞는 특별한 기술이 필요합니다. '칭찬'이라는 단순한 행위 하나만 봐도 그렇습니다.

발달장애가 있는 아이는 애당초 '칭찬받는 일=좋은 일'이라고 생각하지 않습니다. 그런 아이는 "굉장하다!", "잘했어!"라고 아무리 칭찬해봤자 고개만 갸우뚱할 뿐입니다. 정확하게 말의 의미를 전하는 방법이나 말이 아닌 다른 식으로 칭찬하는 방법을 고민하지 않으면, 당신의 마음은 결코 아이에게 닿지 않을 겁니다.

이 책에는 제가 실제 교육 현장에서 실천하고 효과를 체감한 사고 방식과 기술만을 담았습니다. 실제 실천해본 분들이 아이 상태가 정말 좋아졌다고 기뻐하면서 말씀해주신 의견도 반영했습니다. 즉 실제로 아이가 성장했다는 사실에 근거해 정리한 기술들입니다.

아이들의 모습을 직접 보고 터득한 기술을 가정과 교육 현장에서 꼭 실천해보셨으면 좋겠습니다. 이 책은 꼭 처음부터 읽지 않아도 상관없도록 구성했습니다. 또한 독자분들의 이해를 돕기 위해 만화와 일러스트를 도입해서 적합한 대응에는 ○, 아쉬운 대응에는 △, 적절치 못한 대응에는 × 표시를 달았습니다.

실제 현장에서 적극적으로 활용될 수 있기를 희망합니다.

2023년 2월 고지마 유키

이 책은 아이의 말과 행동을 다음과 같이 분류합니다.

- **문제행동**: 폭력이나 폭언과 같이 주변 사람들에게 미치는 부정적인 영향이 큰 언행
- **바람직하지 않은 행동**: 부정적인 영향은 비교적 작지만, 불편을 초래하는 언행
- **바람직한 행동**: 상황에 맞는 적절한 행동

다만 정확하게 구분해서 사용하면 가독성을 해칠 수 있어 주로 '문제행동'이라는 표현을 사용했습니다. 해당 표현에 관해서는 찬반 의견이 있을 수 있으나 아이들을 나쁜 사람으로 치부하려는 의도는 없습니다. 독자 여러분들이 이해하기 쉽도록 전달하기 위해 '주변에서 문제로 보는 행동'의 줄임말로 사용했다고 이해해주시기를 바랍니다.

차 례

들어가며　6

제1장　발달장애 아이가 보고 느끼는 세상

001	왜 말을 잘 이해하지 못할까? • 작업기억 용량이 작기 때문입니다　16
002	문제행동을 보이는 이유 ① • 미학습 상태이기 때문입니다　21
003	문제행동을 보이는 이유 ② • 잘못된 정보를 학습했기 때문입니다　26
004	문제행동을 보이는 이유 ③ • 감정을 표현하지 못하기 때문입니다　30
005	왜 집단에 적응하지 못할까? • 아이에게는 지옥이기 때문입니다　33
006	문제는 머리만이 아니다 • 신체적 특성에도 관심이 필요합니다　38
007	버릇없는 아이라는 생각은 오해 • 감각이 예민한 아이일지도 모릅니다　40
008	문제는 예민한 증상만이 아니다 • 상반된 증상이 함께 나타날 수도 있습니다　42
009	감각과민 증상의 실태 ① • 너무 잘 들려서 괴로운, 청각과민　45
010	감각과민 증상의 실태 ② • 뇌를 지치게 하는, 시각과민　47
011	감각과민 증상의 실태 ③ • 피부 자극에 예민한, 촉각과민　49
012	감각과민 증상의 실태 ④ • 오해받기 쉬운, 미각과민　52
013	감각과민 증상의 실태 ⑤ • 특정 냄새에 예민한, 후각과민　55

제2장　눈여겨봐야 할 부분과 지켜야 할 원칙

014	특히 신경 써야 할 시기 • 5세, 9세, 13~14세 아이는 특별한 관심이 필요합니다　60
015	대응의 기본 원칙 • 베이직 5를 기억하세요　63
016	아이를 도울 방법을 찾을 때는 • 위험 요인과 보호 요인에 주목하세요　67
017	즉시 아이를 돕고 싶다면 ① • 항상 표정과 미간을 살펴보세요　70
018	즉시 아이를 돕고 싶다면 ② • 눈빛과 호흡을 관찰하세요　72
019	문제행동을 일으켰을 때 ① • 반드시 측정 데이터를 확보해야 합니다　74
020	문제행동을 일으켰을 때 ② • 수집한 데이터를 분석해보세요　78
021	엄하게 주의를 주기보다는 • 아이가 스스로 깨닫게 해주세요　80
022	아이와 대화할 때 지켜야 할 원칙 ① • 반드시 CCQ를 유지해주세요　83
023	아이와 대화할 때 지켜야 할 원칙 ② • 한 번에 한 가지만 말해주세요　86
024	아이와 대화할 때 지켜야 할 원칙 ③ • 숨은 지시와 마지막 말에 주의해주세요　91
025	아이의 기분을 파악하는 방법 • 아이와 하이파이브를 해보세요　96

제3장 실제로 효과가 검증된 칭찬법·교육법

026	꼭 알아둬야 할 기본 규칙 ① • 칭찬할 때 지켜야 할 다섯 가지 포인트	100
027	꼭 알아둬야 할 기본 규칙 ② • 가르침에는 인내가 필요합니다	105
028	꼭 알아둬야 할 기본 규칙 ③ • 아이가 눈을 맞춰오면 반드시 칭찬해주세요	108
029	꼭 알아둬야 할 기본 규칙 ④ • 우연히 일어난 일은 칭찬하지 마세요	111
030	하고 싶은 말을 확실하게 전달하려면 • 힘주어 또렷하게 말해보세요	114
031	칭찬 포인트를 찾으려면 • 전후를 잘 비교해보세요	118
032	더 구체적으로 칭찬하려면 • 전후 횟수를 비교해보세요	121
033	가르쳐주고 싶은 기술이 있다 • 칭찬할 때 하나 더 추가해보세요	124
034	신뢰 관계를 형성하고 싶다면 • "믿는다!"라는 말로 칭찬해주세요	127
035	효과가 탁월한 칭찬법 ① • 칭찬받는 법부터 가르쳐주세요	130
036	효과가 탁월한 칭찬법 ② • 아이의 행동에 점수를 매겨주세요	133
037	효과가 탁월한 칭찬법 ③ • 시각과 촉각을 활용해보세요	135
038	효과를 지속시키는 아이디어 ① • 공감을 부르는 표현을 사용해보세요	137
039	효과를 지속시키는 아이디어 ② • 칭찬 사이에도 적당한 간격이 필요합니다	140

제4장 집착하는 아이와 마주하는 법

040	대응 규칙 ① • 가장 먼저 아이의 마음에 공감해주세요	144
041	대응 규칙 ② • 억지로 말리지 말고 기다려 주세요	147
042	집착을 멈추게 하려면 • 호흡을 관찰하며 기회를 노려야 합니다	150
043	다음 행동을 유도하려면 • 아이와 함께 '끝'을 정해보세요	153
044	행동전환을 유도하는 아이디어 ① • 알람 기능이 있는 손목시계를 선물해보세요	155
045	행동전환을 유도하는 아이디어 ② • 전환 포인트를 가르쳐주세요	158
046	주변에 피해를 주는 행동은 • OK와 NG의 기준을 정해주세요	161
047	집착행동을 예방하려면 • 카드를 활용해서 아이를 도와주세요	166

제5장 눈에 띄는 행동을 예방하고 해결하는 방법

048	아이가 시끄럽게 떠들 때는 • "쉬-잇" 한 번으로 해결할 수 있어요	170
049	방이나 책상이 어질러져 있을 때는 • 어른이 함께 정리해주세요	173
050	혼자 중얼거릴 때가 많다면 • 내적 언어 발달 훈련이 필요합니다	176
051	아이가 심하게 불안해한다면 • 함께 해결책을 고민해주세요	180
052	불안한 마음을 말하지 못하는 아이에게는 • 다가가서 먼저 말을 건네주세요	182
053	차례를 지키지 않는 아이에게는 ① •	
	차례를 지켜야 하는 이유부터 설명해주세요	186
054	차례를 지키지 않는 아이에게는 ② • 기다리는 법을 그림으로 가르쳐주세요	189
055	무조건 이겨야만 성에 차는 아이에게는 •	
	게임을 통해서 지는 경험을 쌓아주세요	193
056	분위기를 파악하지 못하는 아이는 •	
	사회적 참조 과정을 거쳐 갈 수 있게 도와주세요	198
057	반항심이 강한 아이에게는 ① • 객관화 화법을 활용해보세요	201
058	반항심이 강한 아이에게는 ② • 차분하게 질문을 던져보세요	206
059	험한 말을 내뱉는 아이는 • 칭찬으로 의식의 흐름을 바꿔주세요	211
060	공부하기 싫다고 떼쓰는 아이에게는 • 120%의 법칙을 활용해보세요	214
061	어른에게 해달라고 떼쓰는 아이에게는 • 스스로 할 행동을 선택하게 하세요	219

제6장 산만하고 부산한 우리 아이를 위해

062 아이가 가만히 있지 못하는 이유 ① • 가만히 있는 것이 고통스럽기 때문입니다 224

063 아이가 가만히 있지 못하는 이유 ② • 주변에서 받는 자극 때문일지도 모릅니다 226

064 두리번거리며 집중하지 못하는 아이에게는 •
사물을 줄여서 주변 환경을 정비해주세요 228

065 계속 움직이는 아이에게는 ① • 말할 기회를 만들어 주세요 231

066 계속 움직이는 아이에게는 ② • 합법적으로 움직일 수 있게 해주세요 233

067 집중해서 듣게 하려면 • 말하기 전에 예고해주세요 235

068 아이가 집중하지 못하고 산만할 때는 • 어떻게 말했는지 다시 생각해보세요 237

069 지시를 바로 이해하지 못하는 아이에게는 •
변화를 주면서 여러 번 말해보세요 240

070 이야기 중에 자꾸만 다른 곳을 보면 • 긍정적인 표현으로 관심을 끌어 주세요 243

071 두리번거리며 집중하지 못하는 아이는 • 눈 그림 자석으로 도와주세요 246

072 아이의 의욕을 북돋아 주고 싶다면 • 도파민 대응법이 효과적입니다 248

073 아이가 느슨해지려고 한다면 • 노르아드레날린 대응법을 활용해보세요 251

제7장 공황 상태에 빠지기 전에 진정시키는 방법

074 공황을 막는 한마디 ① • 좀 당황한 것 같은데, 괜찮니? 258

075 공황을 막는 한마디 ② • "우리 웃어볼까?"라고 말해주세요 260

076 공황에 빠지기 직전이라면 우선 • 아이의 이야기를 듣고 공감해주세요 263

077 아이가 공황 상태에 빠졌다면 • 혼자 있을 시간을 주고 기다려 주세요 266

078 사람이나 사물을 향해 분노를 표출하면 • 대체품을 찾아서 피해를 막아주세요 271

079 아이를 진정시키려면 • 얼마나 화가 났는지 물어보세요 275

080 같은 사태를 다시 겪지 않으려면 ① • 아이와 함께 예방법을 의논해보세요 278

081 같은 사태를 다시 겪지 않으려면 ② • 암호를 정해서 연습해보세요 282

082 같은 사태를 다시 겪지 않으려면 ③ • 진정시킬 방법을 미리 찾아 두세요 285

제8장 폭력적인 행동에 대처하는 방법

083	이것만은 꼭 기억하세요! • 폭력은 '아이가 보내는 메시지'입니다 290
084	난폭한 행동을 예방하는 방법 ① • 아이를 둘러싼 환경부터 바꿔주세요 292
085	난폭한 행동을 예방하는 방법 ② • 발생 조건이 무엇인지 생각해보세요 296
086	우리 아이를 '나쁜 아이'로 만들지 않으려면 • 평소에도 자주 칭찬해주세요 298
087	아이가 난폭한 행동을 했을 때 ① • 되도록 손대지 말고 말려 주세요 300
088	아이가 난폭한 행동을 했을 때 ② • 객관화 화법을 활용해보세요 304
089	같은 일을 반복하지 않으려면 ① • 구조를 요청하는 기술을 가르쳐주세요 307
090	같은 일을 반복하지 않으려면 ② • 마음을 표현하는 방법을 가르쳐주세요 310
091	같은 일을 반복하지 않으려면 ③ • 아이와 함께 대체행동을 정해보세요 312

나오며 316

토막상식

초등학생에게 SST가 필요할까? 98

결정은 아이와 함께! 168

어른의 도움이 가장 필요한 순간 196

불안을 안고 사는 아이들 221

학년에 따른 과잉행동 대응법 254

공황 상태에 빠진 아이는 잘못이 없다 274

도전하는 아이는 칭찬받아 마땅하다 287

신속한 대체행동이 문제를 막는다 314

제1장

발달장애 아이가
보고 느끼는 세상

작업기억 용량이
작기 때문입니다

'작업기억(Working memory)'이라는 말을 들어본 적 있으신가요?

우리는 다른 사람의 말을 메모할 때 들은 내용을 일시적으로 기억해서 종이에 옮겨 적습니다. 이처럼 우리의 뇌는 당면한 과제를 수행할 때 필요한 정보를 일시적으로 저장하는 기능을 가지고 있습니다. 이 기능을 작업기억이라고 합니다.

그런데 발달장애가 있는 아이, 특히 ADHD(주의력결핍 과잉행동장애)인 아이는 작업기억의 용량이 다른 사람보다 작다는 특성이 있습니다.

쉽게 말해 그들에게는 일시적으로 정보를 저장하는 공간이 하나밖에 없다는 뜻입니다. 그러니 한 가지 정보가 머릿속에 들어오면

사례 공부하다 보면 꼭 이런 일이…

다른 정보는 전부 지워질 수밖에 없습니다. 앞에 나온 만화에서 지우개를 찾다가 자기가 공부하고 있었다는 사실을 잊어버린 아이의 사례를 소개했습니다. 제가 근무했던 학교에서는 만화 속 아이처럼 방금까지 자신이 뭘 하고 있었는지 잊어버리는 아이를 심심치 않게 볼 수 있었습니다.

복도를 뛰어가는 친구를 보고 '어디 가지?'라고 생각한 순간, 그 생각에 사로잡혀 조금 전까지 자기가 무엇을 하고 있었는지 잊어버리는 식입니다.

하교 하던 중에 길가에 난 잡초를 보고 '이 식물은 이름이 뭘까?' 하고 생각하면서 만지작거리다가, 집에 가야 한다는 사실을 까맣게 잊어버려서 부모님 가슴을 철렁하게 했던 아이도 있었습니다.

작업기억 용량이 작은 초등학교 저학년 아이는 금세 주의가 산만해지고 몇 번을 가르쳐주어도 기억하지 못할 때가 있습니다. 그런 일이 자주 일어나다 보면 일상생활에 지장이 생기고, 결국 아이의 성장을 방해하는 요인이 됩니다. 그러니 아이의 성장을 돕고 싶다면, 어른이 먼저 아이의 작업기억 용량이 작다는 특성을 잘 이해해야 합니다.

우리의 작업기억은 두 가지 특징이 있습니다. 아이의 교육 방식을 고민할 때 힌트가 될 수 있으니 기억해두시길 바랍니다.

① 빠르게 지나가면 기억하지 못한다

작업기억에는 눈앞을 빠르게 휙 지나간 현상이나 사물은 쉽게 잊어버린다는 특징이 있습니다. 목소리도 마찬가지입니다. 어른 기준에서는 평범한 속도라고 하더라도, 아이 기준에서는 말이 너무 빨라서 기억하기 어려울 수 있습니다.

따라서 아이에게 꼭 이해시키고 싶은 말이 있다면 중요한 내용을 강조하면서 알기 쉬운 말로 천천히 말해야 합니다.

초등학교 저학년 아이들은 어른의 말을 듣는 도중에 이해되지 않는다는 듯이 얼굴에 물음표를 그릴 때가 많습니다. 이때도 같은 말을 반복해서 다시 한번 천천히 설명해주세요. 천천히 설명하기만 해도 훨씬 쉽게 이해할 겁니다.

② 마지막 말이나 문구를 잘 기억한다

"청소 좀 하렴! 방이 너무 지저분하잖아."

이런 말을 들었을 때 우리는 일반적으로 '청소를 해야겠다'라고 생각합니다.

하지만 작업기억 용량이 작은 아이는 뒤에 나온 '지저분하다'라는 말만 기억할 확률이 높습니다. 지저분하다는 정보가 머릿속에 들어온 순간, 방 청소를 하라는 지시가 지워지기 때문입니다.

문제 발생을 막고 싶다면 말은 되도록 짧게, 한 문장으로 전달해주세요. 이렇게 말해보면 어떨까요?

　"방이 지저분하니까 청소를 좀 하렴."

　이 문장이라면 아이의 머릿속에 남는 정보는 청소하라는 지시일 겁니다.

미학습 상태이기
때문입니다

왜 발달장애가 있는 아이는 바람직하지 않은 행동이나 문제행동으로 주변 사람들을 곤란하게 할까요? 이렇게 물으면 보통 "그야, 발달장애를 앓고 있으니까 그렇죠"라는 대답이 돌아옵니다. 하지만 이런 안일한 생각으로는 아무것도 바꿀 수 없습니다.

발달장애가 있는 아이들이 문제행동을 하는 이유는 다른 아이들이 자연스럽게 학습하는 행동을 쉽게 배우지 못하기 때문입니다.

다시 말해 아이는 바람직한 행동이 무엇인지 배우지 못한 상태이며, 이와 같은 '미학습' 상태야말로 문제행동을 일으키는 진짜 원인입니다. 아이의 문제행동을 막고 싶다면 단순히 '발달장애를 앓고 있어서 어쩔 수 없다'라고 생각해서는 안 됩니다. 거기서 생각을 멈추

21

지 마세요. 생각을 더 발전시켜서 원인인 미학습 상태를 해결하거나 예방하는 방법을 찾아야 합니다.

그렇다면 발달장애 아이는 왜 미학습 상태에 빠지기 쉬운 걸까요? 이유는 두 가지입니다.

① 경험을 통해 자연스럽게 배우지 못한다

전형적인 발달 과정을 거치는 아이들은 유치원이나 학교에서 다양한 경험을 하며 세상을 배웁니다. 선생님 말씀에 따라 모두와 함께 행동한다는 것이 어떤 의미인지, 자신이 무엇을 해야 하는지를 자연스럽게 배우고 행동하게 됩니다.

하지만 날 때부터 과잉행동과 집착 성향을 보이고, 주변 상황을 잘 파악하지 못하는 특성을 타고난 발달장애 아이는 자신이 가진 기질대로 행동하기 때문에, 같은 상황에서도 다른 아이들과 같은 경험을 하지 못합니다.

또한 발달장애의 특성상 그들은 애당초 주변 상황을 보고 깨우치는 능력이 부족합니다. 따라서 다른 아이들과 똑같은 일을 경험하거나 같은 내용을 배웠다고 해서 반드시 이해했다고 단정할 수는 없습니다.

그러니 발달장애가 있는 아이에게는 "안 돼!", "하지 마!"라고 윽박지르며 혼을 내봤자 헛수고일 뿐입니다. 아이는 무엇이 옳은 일이고 무엇이 나쁜 일인지 모르는 상태이기 때문에, 지금 자신이 왜 혼이 나는지조차 이해하지 못해서 더 혼란스럽기만 합니다.

어른들은 따끔하게 혼을 내서 알아듣게 해야겠다거나 실패도 좋은 경험이 된다고 생각하지만, 결국 무의미한 일만 반복할 뿐이죠. 아이의 머릿속에는 무섭게 혼이 난 기억만 상처로 남게 됩니다. 상처가 쌓이고 쌓여서 2차 장애를 앓게 되는 아이도 있습니다.

아이에게 발달장애가 있다면 다그치기보다는 일상생활에 필요한 기술을 의식적으로 학습시켜서 행동하도록 유도해야 합니다. 아이에게는 당신의 도움이 필요합니다. 그리고 잊지 마세요. 아이를 도울 때는 조급하게 생각하지 말고 여러 번 반복해서 가르치고 칭찬해야 한다는 마음가짐이 무엇보다 중요합니다.

② 받아들이지 못하는 상태일 수 있다

발달장애가 있는 아이 중에는 쉽게 흥분하는 아이도 있고, 공황 상태에 잘 빠지는 아이도 있습니다. 이런 아이는 혼란스러운 상황에 놓이면 아무리 차근차근 가르쳐줘도 받아들이지 못합니다. 그런데 공황 상태에 빠지거나 극도로 흥분했을 때 새로운 정보를 받아들이기 힘든 건 어른도 마찬가지 아닐까요?

이미 공황 상태에 빠진 아이에게는 "다음에는 이렇게 해보자"라거나 "앞으로는 그렇게 하지 말자"라고 말해봤자 소용이 없습니다. 아이의 귀에는 전혀 들리지 않는데, 어른은 필요한 정보를 가르쳐주었다고 생각해버립니다. 이런 일이 반복되면 아무리 시간이 지나도 아이는 일상생활에 필요한 기술이나 바람직한 행동을 하나도 배우지 못하고, 그 상태(미학습 상태) 그대로 고학년으로 올라갑니다.

앞서 살펴본 두 가지 이유를 종합하면 발달장애가 있는 아이가 미학습 상태에 빠지기 쉬운 이유는 애당초 기술을 학습하는 일에 서툰 데다, 때때로 학습할 수 없는 상태에 빠지기 때문이라고 볼 수 있습니다.

그렇다면 어떻게 해야 아이가 미학습 상태에 빠지지 않을 수 있을까요? 우선은 무엇보다 아이가 상처받지 않도록 배려해야 합니다. 마음에 상처가 생긴 아이는 아무리 가르쳐주어도 받아들이지 못합니다. 구체적으로는 어떤 배려가 필요할까요?

- 아이와 신뢰 관계를 형성해서 '이 사람은 나를 아프게 하지 않는다'라는 안정감을 심어준다.
- 아이가 상처받거나 공황 상태에 빠질 수 있는 요인을 제거해준다.

반드시 명심하세요. 아이가 상처받지 않도록 하는 일이 가장 우선입니다.

하지만 현실에서는 나름 배려해서 한 행동이 오히려 아이에게 상처를 주는 경우도 적지 않습니다. 저는 이처럼 잘못된 방식으로 아이를 대하는 행동을 '착한 악행'이라고 합니다. 착한 악행도 악행입니다. 한번 상처받은 아이의 행동을 바꾸는 일은 절대 쉽지 않다는 사실을 잊지 마세요.

상처 주지 않고 나쁜 기억을 남기지 않는 예방적 교육이라는 점을 가슴에 새겨야 합니다. 아이가 어리면 어릴수록 어른의 마음가짐이 더 중요합니다.

잘못된 정보를 학습했기 때문입니다

제가 초등학교와 특수학교에서 교사로 일하면서 가장 많이 본 문제행동을 꼽자면 단연코 '돌아다니기'입니다. 수업 중에 차분히 앉아 있지 못하고 일어서서 교실 안을 이리저리 돌아다니는 아이가 생각보다 많습니다.

민혁이라는 남자아이의 사례를 통해 살펴봅시다.

민혁이는 수업 내용이 이해되지 않으면 화가 나는 아이였습니다. 그러다 짜증이 극에 달하면 자리에서 일어나 교실 안을 마구 돌아다녔죠.

저학년 아이가 수업이 끝날 때까지 참지 못하고 일어나서 돌아다니는 일은 드물지 않지만, 민혁이는 정도가 점점 심해졌습니다. 같이

있던 어른까지 휘둘려서 소란이 벌어지기 일쑤였죠.

한번은 앞에 나온 만화와 같은 일도 있었습니다.

왜 문제행동이 점점 더 심해졌을까요?

이유는 민혁이가 어른들의 반응을 즐기게 됐기 때문입니다.

민혁이에게 수업은 처음부터 지루하고 재미없는 일이었습니다.

그런데 수업을 안 듣고 일어나서 돌아다녔더니 선생님이 주의를 주셨습니다. 다시 말해 자신에게 관심을 보여주셨던 겁니다. 게다가 나중에는 도우미 선생님까지 오셔서 다정하게 챙겨 주셨죠.

수업 중에 돌아다니면 지루함을 달랠 수도 있고, 따뜻한 관심도 받을 수 있었습니다. 그러니 민혁이 입장에서는 이런 생각이 들 수밖에 없지 않았을까요?

'가만히 앉아 있지 말고 돌아다녀야 어른들의 재미있는 반응을 볼 수 있어.'

'도우미 선생님까지 오셔서 옆에 있어 주시잖아. 돌아다니는 건 좋은 일이야.'

민혁이는 원래라면 배우면 안 될 행동을 '재미있는 행동'으로 잘못 인식하고 학습해버렸습니다. 이런 경우를 잘못된 학습이라고 합니다.

일단 잘못된 정보를 학습해버린 상태에서는 어른이 주의를 주면 줄수록 사태는 점점 더 심각해질 뿐입니다. 따라서 발달장애가 있는 아이에게 바람직한 행동이나 기술을 가르쳐줄 때는 주의를 주거나 꾸짖지 말고 최대한 차분하게 설명해야 합니다.

감정을 표현하지
못하기 때문입니다

"싫어! 안 해!"라고 큰 소리로 거부하거나 "으앙!" 하고 목청 높여 우는 아이 때문에 곤란했던 적 없으셨나요?

발달장애가 있는 저학년 아이는 말과 행동으로 강렬한 반응을 보일 때가 있습니다. 이리저리 제멋대로 돌아다니고 사람들을 때리거나 물건을 부수기도 합니다.

어른들은 아이가 이런 행동을 보이면 어떻게든 못 하게 막아 보려고 하지만, 억지로 막기만 해서는 문제를 근본적으로 해결할 수 없습니다.

아이가 문제행동을 하는 이유는 한마디로 '불만'이 있기 때문입니

다. 뒤집어 말하면 아이의 행동은 아이가 왜 불만을 느끼는지 알아
낼 수 있는 귀중한 단서인 셈이죠. 그러니 아이의 행동을 단순히 '주
변에 피해를 주는 행동'으로만 보지 말고 '단서'로 생각해야 합니다.
아무도 자신의 마음을 알아주지 않으면 아이는 결국 곤란하고 불편
한 감정을 표현하지 않게 됩니다.

발달장애가 있어도 어느 정도 자라면 자기 행동을 제어할 수 있습
니다. 하지만 이 시기에 어른에 대한 신뢰감이 부족하면 불만을 느
껴도 표현하지 못하고 참기만 하다가 더 심한 공황 상태에 빠지기도
합니다.

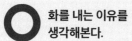

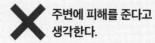

반면 문제행동을 유심히 지켜보고 힌트를 찾아서 도와주면 아이는 어른을 신뢰하게 됩니다. 어른이 관점을 조금만 바꾸면 문제행동도 아이의 미래를 위한 받침돌이 될 수 있습니다.

아이에게는
지옥이기 때문입니다

발달장애 아이는 학교와 같은 집단에 속해 있으면 쉽게 화를 내고 공황 상태에 빠지기도 합니다. 이런 경향은 운동회나 음악 발표회, 문화제와 같은 행사 때나 행사 관련으로 연습하는 기간에 특히 더 심해집니다. 발달장애 아이들은 왜 집단생활을 힘들어할까요? 여기에는 크게 세 가지 원인이 있습니다.

① 집단행동에 거부감을 느낀다

집단에는 규칙이 있기 마련입니다. 하지만 규칙을 따를 수 없는 아이

한 아이가 이런 말을 했습니다.

나, 애초에 다른 아이들과 함께 행동하는 일에 거부감을 느끼는 아이도 있습니다.

그런 아이를 집단 속에 억지로 넣어 놓고 정해진 행동을 하게 시키면 스트레스가 쌓여 불안해하고 공황 상태에 빠질 수 있습니다.

② 일정 변경에 즉각 대응하기 힘들다

학교 같은 집단은 보통 정해진 일정에 따라 반복적으로 움직이지만, 가끔은 일정이 변경될 때가 있습니다. 특히 학교에 행사가 있으면 일정이 자주 변경되기도 하죠.

하지만 발달장애가 있는 아이는 앞으로 일어날 일을 예측할 수 있어야 편하게 생활할 수 있습니다. 갑자기 예정이 변경되는 일이 자주 발생하면 아이는 어떻게 행동해야 할지 몰라 혼란스러워합니다.

③ 실패 경험을 잊지 못한다

앞의 ①, ②와 같은 상황이 동시에 일어나면 아이는 제대로 대응할 수가 없습니다. 할 일을 제대로 하지 못하니 당연히 혼나는 일도 많아지겠죠. 이렇게 실패하거나 질책당한 경험이 상처가 되고 트라우마로 남으면 아이는 집단생활에 점점 더 공포를 느끼고 겉돌게 됩니다.

　발달장애 아이에게 행사는 지옥이나 마찬가지입니다. 34~35쪽에 소개한 사례는 제가 한 아이에게 실제로 들은 이야기입니다. 현실에는 사례 속 아이처럼 행사 연습 기간 내내 한 달 동안 참고 또 참아가며 버티는 아이가 의외로 많습니다.

　그러니 아이가 집단에 속해 있을 때는 괜한 스트레스를 받지 않고, 흥분하거나 공황 상태에 빠지지 않도록 배려해주세요. 그럼에도 아이가 공황 상태에 빠졌을 때를 대비해서 7장 이후에 구체적인 지원 방법을 정리했으니 참고하시길 바랍니다.

신체적 특성에도 관심이 필요합니다

발달장애가 있는 아이 중에는 일반적이지 않은 신체적 특성을 가진 아이도 있습니다. 제 경험에 따르면 저학년 아이들은 다음 두 가지 유형 중 하나에 해당하는 경우가 많았습니다.

① 긴장으로 몸이 뻣뻣하게 굳어있는 아이

이 책을 읽고 계신 독자분들도 한번 따라 해보세요. 우선 자리에서 일어서서 양손에 힘을 주어서 꾹 쥐어 봅시다. 팔과 어깨에도 있는 힘껏 힘을 넣어 보세요. 어떠신가요? 이 상태로 조금만 버티고 있어도 힘들고 지칠 것 같지 않습니까?

저는 이렇게 하루 종일 몸에 잔뜩 힘을 주고 긴장된 상태로 생활하는 발달장애 아이들을 자주 봅니다. 긴장으로 근육이 딱딱하게 뭉쳐 있어서 몸을 살짝만 만져봐도 알 수 있을 정도랍니다.

매일 잠들기 전까지 그런 상태로 지내면 얼마나 힘들까요? 그런 아이도 있다는 사실을 어른들이 꼭 알아야 합니다.

② 몸을 지탱하지 못하는 아이

의자에 앉으면 몸을 앞으로 기울여서 엎드리거나 항상 책상에 팔꿈치를 대고 앉는 아이가 있습니다. 그런 아이를 보면 대부분 게으르다거나 태도가 불량하다는 생각에 저도 모르게 얼굴이 찌푸려지기 마련이죠.

하지만 그중에는 흐트러진 자세를 취해서 몸을 기댈 포인트를 많이 만들어야 겨우 몸을 지탱할 수 있는 아이도 있습니다. 몸통 근육이 아직 충분히 발달하지 않았기 때문입니다. 어른들이 색안경을 끼고 보는 자세를 취할 수밖에 없는 이유도 사실은 발달장애의 특성때문일 수 있다는 말이죠.

만약 주의를 주어도 아이가 똑바로 앉지 못한다면 혹시 특별한 도움이 필요한 아이가 아닐지, 유심히 살펴봐주세요. 혹은 가운데가 뚫린 도넛 방석 같은 물건이 도움이 될지도 모릅니다.

감각이 예민한
아이일지도 모릅니다

아이가 다음 만화 속 아이처럼 행동하면 "버릇이 없다!", "왜 이렇게 말을 안 듣느냐!"라며 버럭 화를 내고 싶기도 합니다.

그런데 정말 버릇이 없어서 그런 걸까요? 혹시 견디기 힘들어서 그런 건 아닐까요? 생각의 범위를 조금 넓혀볼 필요가 있습니다.

먼저, 혹시 아이에게 감각과민 증상이 있는지 생각해보세요.

발달장애가 있는 아이 중에는 선천적인 특유의 감각 이상 때문에 일상생활에서 고통을 느끼는 아이도 있습니다.

그중에서도 과민성 증상은 발달장애 아이들에게 많이 나타나는 특징입니다. 하지만 전형적인 발달 단계를 거치며 성장한 어른은 이해하기 어려운 부분이죠. 그렇다 보니 그저 버릇이 없어서 제멋대로

제멋대로 구는 아이   **말을 안 듣는 아이**

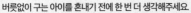

버릇없이 구는 아이를 혼내기 전에 한 번 더 생각해주세요.

군다고 아이를 꾸짖고, 자신도 모르는 사이에 아이에게 상처를 주는 일이 빈번히 일어납니다.

　일본에서 최근 들어 사람들이 청각과민증에 관심을 보이는 일은 환영할 만하지만, 현실에는 청각뿐만이 아니라 지나치게 예민한 다른 감각들 때문에 고통받는 아이들이 많습니다.

　심지어 예민한 감각이 한 가지가 아니라 여러 가지인 아이도 있습니다. 이런 현실을 더 많은 어른이 알았으면 하는 바람입니다. 알고만 있어도 아이를 훨씬 더 깊이 이해할 수 있을 겁니다.

상반된 증상이 함께 나타날 수도 있습니다

앞에서는 감각과민 증상에 관해 이야기했지만, 정반대로 감각이 둔해지는 감각둔화 증상을 보이는 아이도 있습니다. 어떤 아이들은 감각이 둔해서 피가 나도 모르고, 덜 마른 옷을 입고도 냄새가 난다는 사실을 모르기도 합니다. 이런 아이들은 혹시 몸에 상처는 없는지, 아픈 데는 없는지, 어른이 먼저 알아차리지 못하면 자칫 위험할 수도 있습니다.

또한 감각둔화 증상과 감각과민 증상을 둘 다 보이는 아이도 있습니다. 예전에 제가 담당했던 한 아이는 넘어져도 아파하지 않았지만, 다른 사람의 손은 살짝 닿기만 해도 아프다고 소리치며 거부 반응을 보였습니다.

이 남자아이처럼 주변 사람들 목소리에는 예민하지만, 자기 목소리는 아무리 커도 괜찮은 아이도 있어요.

저 개인적으로 과민 증상과 둔화 증상이 함께 나타나는 상태를 병존 현상이라고 부르는데, 이러한 현상이 존재한다는 사실 자체를 모르면 '이 아이는 냄새에 둔감하니까 후각과민증일 리 없다'라는 선입관을 가질 수 있습니다. 그렇게 아이의 특성을 모른 채로 계속 지내게 될 수도 있죠.

물론 과민 증세만 보이는 아이도 있고, 둔화 증세만 보이는 아이도 있습니다. 하지만 극단적으로 예민한 면과 극단적으로 둔한 면을 함께 가진(병존) 아이도 상당수 존재한다는 사실을 잊지 마세요.

너무 잘 들려서 괴로운, 청각과민

청각과민은 여러 소리가 지나치게 잘 들리는 증상을 말합니다.

전형적인 발달 과정을 거친 아이는 귀로 들어온 소리를 뇌가 적당히 걸러주기 때문에 괜찮지만, 청각과민증이 있는 아이는 모든 소리가 마구잡이로, 때로는 매우 크게 들립니다.

한번 상상해보세요.

지금 책을 읽고 있는 당신 옆에 다른 누군가가 있다고 합시다. 그 사람이 갑자기 큰 목소리로 말을 걸면 당연히 깜짝 놀라지 않을까요? 무슨 일인지 몰라 당황스럽고 당장 무슨 일이 벌어질 것 같아서 불안할 수도 있습니다. 청각과민 증상이 있는 발달장애 아이는 매일, 매시간, 그런 상황 속에서 살고 있는 겁니다.

다음 만화 속 아이처럼 일반적인 크기의 소리를 갑자기 크게 울리 <u>는 소음으로 느끼는 아이도 있습니다.</u> 그러다 보니 놀라게 할 생각은 전혀 없고 그저 말을 건넸을 뿐인데, 아이가 깜짝 놀라기도 합니다.

특히 초등학교 저학년이나 유소아기의 아이는 스스로 힘들다고 표현하지 못하기 때문에 혹시 청각이 지나치게 예민하지 않은지 어른이 유심히 지켜봐야 합니다.

만약 아이에게 청각과민 증상이 있다면 소리가 잘 들리지 않는 위치에 앉히거나 귀마개 또는 노이즈 캔슬링 기능이 있는 이어폰을 사용하게 해주세요.

청각이 예민하지 않은 아이는

리코더 소리가 들려도 신경 쓰지 않아요.

청각이 예민한 아이는

귀가 아플 정도로 크게 들릴 수도 있어요.

뇌를 지치게 하는, 시각과민

다양한 발달장애 특성 중 의외로 놓치기 쉬운 부분이 시각과민 증상입니다. 이 증상은 쉽게 말해 너무 잘 보여서 탈인 경우입니다.

예를 들어 쇼핑몰에 있다고 상상해봅시다. 주변에 이런저런 물건들이 많고 사람들로 북적거릴 겁니다. 그렇더라도 우리는 주변 상황에 그다지 신경 쓰지 않습니다. 하지만 발달장애가 있는 아이는 그럴 수 없습니다.

- 번쩍번쩍 빛나는 물건(카메라 플래시나 반짝반짝한 장식품 등)
- 소리를 내는 물건(또각또각 나는 구두 소리나 동전 떨어지는 소리 등)
- 선명한 색을 가진 물건(화려한 색상의 옷이나 알록달록한 풍선 등)

눈에 보이는 모든 것에 정신을 빼앗겨 시선을 떼지 못합니다. 특히 쇼핑몰처럼 주의를 분산시키는 물건이 많은 장소에서는 다양한 요소에 계속 눈이 가고, 시각을 통해 쉬지 않고 정보가 들어오기 때문에 금세 뇌가 지쳐 버립니다.

발달장애가 있는 아이는 눈으로 들어오는 정보가 너무 많거나 강렬하면 머릿속이 뒤죽박죽으로 엉킬 수 있습니다.

혼란스러워지면 침착함을 잃고 문제행동으로 이어질 수 있으니 일상생활에서부터 세심한 배려가 필요합니다.

- 아이가 의자에 앉았을 때 눈에 보이는 것, 예를 들어 이미 놓여 있던 물건이나 게시물 등이 되도록 바뀌지 않도록 한다.
- 사용하지 않는 물건은 바로바로 정리해서 눈에 보이는 정보를 최대한 줄여 준다.

반짝이고 화려한 물건을 보면 주의가 분산되고 시선을 빼앗겨서 쉽게 지쳐 버려요.

피부 자극에 예민한, 촉각과민

피부 자극에 예민한 아이는 많습니다. 뒤에 나오는 만화에 등장한 아이처럼 감촉 때문에 옷을 가리는 아이도 있고, 어떤 아이는 누가 살짝 만지기만 해도 질색하곤 합니다.

예전에 어른이 칭찬해주려고 머리를 쓰다듬었더니 만지지 말라고 버럭 소리를 지르는 아이를 본 적이 있습니다. 아마도 아이는 무언가 불쾌한 자극을 느꼈을 겁니다.

발달장애가 있는 아이는 같은 자극이라도 감각을 느끼는 방식이 우리와 다릅니다.

만약 아이가 다음과 같은 행동을 한다면 촉각과민 증상이 있는지 확인해보세요.

촉각이 예민한 아이는
일반 학교에 다니는
아이 중에도 있어요

- 신발이나 양말, 목둘레가 좁은 셔츠와 같이 몸에 달라붙는 형
  태의 옷을 싫어한다.
- 옷에 붙어 있는 라벨을 계속 신경 쓴다.
- 매일 같은 옷만 입으려고 한다.

아이가 이런 행동을 보인다면 반드시 다음과 같이 배려해주어야
합니다.

- 불필요한 접촉을 피한다(특히 등 뒤에서 접촉하는 행동은 금물!).
- 샌들과 같이 아이가 편하게 신고 다닐 수 있는 신발을 찾아 준다.
- 옷에 붙은 라벨은 미리 제거해준다.
- 같은 소재로 만든 똑같은 옷을 여러 벌 준비해둔다.

촉각과민 증세는 약을 먹으면 증세가 완화되거나 대부분 자라면
서 서서히 무뎌집니다. 그러니 너무 걱정하지 마시고 아이가 어릴 때
만큼은 더 세심하게 주의를 기울여 주세요.

오해받기 쉬운, 미각과민

"밥(쌀밥)은 입에 넣으면 꼭 사람 치아를 씹어 먹는 거 같아요."

예전에 제가 담당했던 한 아이가 한 말입니다. 솔직히 우리는 이해하기 어려운 감각이죠.

하지만 발달장애가 있는 아이는 음식 재료나 맛 하나하나에 관해 우리가 모르는 다양한 느낌을 받는 듯합니다. 그러다 보니 만화에서처럼 막 지은 밥이 사람 치아처럼 느껴지기도 하는 모양입니다.

하지만 전형적인 발달 과정을 거친 사람과 다른 미각을 가졌다고 해도 아이가 맛을 표현할 때 사용하는 어휘는 고작해야 '맛없어', '이상해' 정도입니다. 그래서 어른들 눈에는 단순히 좋고 싫다는 의사 표현이나 투정을 부리는 모습으로 보이기도 합니다.

간혹 학교에서 급식을 먹지 못하는 아이를 볼 때가 있습니다. 특정 음식을 거부하면서 절대 먹지 않으려는 아이가 있다면, 우선은 미각과민 증상 때문일 수도 있다고 의심해봐야 합니다.

그리고 어쩌면 미각과민 때문이 아닐 수도 있습니다.

- 색에 집착하는 특성 때문에 흰색 음식을 먹지 못하는 아이
- 만두처럼 속재료가 보이지 않는 음식은 속에 뭐가 들어있는지 몰라 불안해서 먹지 못하는 아이

저는 앞의 사례와 같은 아이들도 보았습니다.

이유는 다양합니다. 하지만 어떤 이유든 음식 때문에 곤란해하는 아이가 있다면, 절대로 한 입만이라도 먹어 보라고 억지로 권하지는 마세요.

억지로 먹어야 했던 일이 트라우마로 남아서 자칫 먹는 행위 자체를 거부하다가 거식증에 걸릴 수도 있습니다. 기본적으로는 아이가 먹을 수 있는 음식으로 영양 균형을 맞춰서 먹여야 합니다.

예전에 제가 맡았던 반에도 미각과민 증상이 있는 아이가 있었습니다. 아이가 거부감 없이 먹을 수 있는 음식은 고작 카레라이스 정도였죠. 아이의 부모님은 아이를 위해 영양소를 골고루 섭취할 수 있도록 재료를 바꿔가며 일주일에 세 번씩 카레를 만들어 주셨습니다.

물론 쉬운 일은 아닙니다. 하지만 그 아이의 부모님처럼 아이의 감각에 맞춰준다는 자세가 무엇보다 중요합니다.

특정 냄새에 예민한, 후각과민

후각과민은 특정 종류의 냄새를 다른 사람보다 민감하게 느끼는 증상을 말합니다. 학교에서 가끔 이런 아이들을 볼 때가 있습니다.

- 학교 화장실에 들어가지 못하는 아이
- 급식 냄새 때문에 점심시간에 교실에 있지 못하는 아이

뒤에 나오는 만화의 사례처럼 수업 외 활동으로 하수처리장에 견학을 갔을 때도 특정 냄새에 예민하게 반응해서 입장을 거부하던 아이가 있었습니다.

어떤 경우든 아이가 후각과민 때문에 힘들어한다면 원인이 되는

냄새가 나지 않는 곳으로 이동할 수 있도록 배려해주세요.

그리고 냄새와 관련해서 문제가 발생했을 때는 과민성 증상만이 아니라 다른 요인이 영향을 미치지 않았는지도 생각해봐야 합니다.

● 트라우마

냄새와 관련된 특정 트라우마가 자극 요인으로 작용해 거부 반응이 나타날 수도 있습니다.

예전에 제가 만났던 한 아이는 매운 라면을 먹고 입안에 화상을 입었던 적이 있었습니다. 그 이후로는 향신료 냄새에 예민해져서 매운 냄새가 나는 곳을 거부하게 됐다고 합니다. 이런 경우에는 가장 먼저 마음의 상처가 더 깊어지지 않도록 배려해야 합니다. 일단 냄새가 나지 않는 장소로 이동할 수 있도록 도와주세요.

● 익숙한 냄새가 나지 않는 장소

익숙한 냄새가 나지 않으면 불안해하는 아이도 있습니다.

예전에 교실에 들어가기 싫다고 버티는 아이가 있었는데, 이유를 알아보니 집과 다른 냄새가 나서 불안하기 때문이었습니다.

저는 아이에게 집에서 담요를 가지고 와서 수업 중에 옆에 두도록 했습니다. 담요에는 당연히 집 냄새가 배어 있었죠. 교실에서도 집에서 나던 냄새가 나자 그제야 아이도 안심하고 수업을 받았습니다.

이처럼 후각 관련 문제는 심리적 안정을 찾아 주는 방법으로도 해결할 수 있습니다.

제 2 장

눈여겨봐야 할 부분과
지켜야 할 원칙

5세, 9세, 13~14세 아이는 특별한 관심이 필요합니다

아이에게 발달장애가 있다면 특히 더 신경 써서 지켜봐야 할 세 번의 시기가 있습니다. 유치원을 다니는 5세, 초등학교 3학년이 되는 9세, 중학교에 입학해서 13~14세가 되었을 때입니다.

5세는 아이가 집단에 잘 적응할 수 있는지를 확실하게 알 수 있는 시기입니다. 이때는 아이가 힘들어하면 어른이 바로 도움을 줄 수 있습니다. 따라서 보호자나 유치원, 어린이집 선생님은 이 시기가 얼마나 중요한지 명확하게 인식하고 있어야 합니다.

다음으로 아이가 9세가 되었을 때도 중요합니다. 초등학교 3~4학년이 되면 등교를 거부하는 아이들이 나타나기 시작합니다. 그중에서도 여자아이들이 등교를 거부하는 경우가 많습니다.

5세

9세

13~14세

그리고 마지막으로 13~14세입니다. 특히 중학교 1학년 중반쯤 됐을 때도 발달장애 아이들이 마음에 상처를 입고 학교를 가지 않으려고 하는 현상이 나타납니다.

평소 '착하고 성실한 여자아이'는 특히 더 눈여겨봐주세요.

어른들은 폭력적인 행동을 하거나 수업 중에 일어나서 돌아다니는, 이른바 문제행동을 반복하는 아이에게 더 신경을 쓰게 됩니다. 하지만 사실 착하고 성실한 아이일수록 더 유심히 지켜봐야 합니다.

겉으로는 성실하게 잘 적응한 것처럼 보이지만, 어쩌면 억지로 집단에 맞추고 있는 과잉 적응 상태에 빠져있을지도 모릅니다. 그런 아이는 혼자 억지로 참아가며 견디다가 한계에 다다르면 어느 날 갑자기 등교를 거부하고 그 상태를 벗어나지 못하기도 합니다.

따라서 9세와 13~14세 아이 중에서 착하고 성실해보이는 아이, 그중에서도 특히 여자아이가 있다면, 아이에게 정말 아무 문제가 없는지 관심을 가지고 지켜봐주세요.

베이직 5를
기억하세요

이번에는 일본 오카마현에 있는 구라시키시립전문대학의 故 히라야마 사토시 교수가 '세로토닌 5(セロトニン5)'라는 이름으로 제안한 발달장애 아이를 대할 때 지켜야 할 기본 원칙에 대해 알아봅시다. 저는 세로토닌 5를 가장 기본적인 기술이라는 의미에서 '베이직 5(Basic 5)'라고 칭하고 기회가 있을 때마다 소개해왔습니다.

발달장애 아이를 대할 때는 아이에게 안정감을 주는 일이 가장 중요합니다. 베이직 5는 상대에게 안정감을 주기 위한 기본 원칙이므로 반드시 기억해두시길 바랍니다.

① 바라보기

아이가 당신을 바라본다면 눈을 맞추고 같이 바라봐주세요.

다만 전제는 '아이가 먼저 당신을 바라보았을 때'입니다.

간혹 아이가 공부나 만들기에 열중하고 있는데도 옆에 다가가서 어떻게든 눈을 맞추려고 하는 어른이 있습니다. 다만 아이가 무언가에 집중하고 있을 때는 굳이 방해하지 마세요.

저학년 아이가 어른을 바라보는 이유는 안정감을 얻고 싶어서입니다. 따라서 아이가 당신을 바라보면 반드시 눈을 맞추고 같이 바라봐주어야 합니다.

② 미소 짓기

아이를 대할 때는 항상 다정하게 웃어 주세요. 특히 아이가 당신을 바라보고 있다면 반드시 웃어 주어야 합니다.

이때 핵심은 이가 보이도록 활짝 웃는 미소에 있습니다.

입을 굳게 다문 채로 입꼬리만 올려 미소 지으면 아이의 뇌는 상대가 웃고 있다는 사실을 인지하지 못합니다.

인간의 뇌는 이를 보이며 웃는 모습을 보아야 비로소 상대가 웃고 있다고 인지합니다. 활짝, 이가 보이게 웃어야 한다는 점을 잊지 마세요.

③ 말 걸기

말을 거는 일도 굉장히 중요합니다.

아침에 일어나면 바로 아이에게 말을 건네주세요.

특히 교사라면 월요일 아침에 아이를 만나자마자 바로 말을 걸어주시길 바랍니다.

가정 환경이 좋지 못한 아이들은 월요일 아침에 심리적으로 불안한 상태로 등교합니다. 그러니 아침에 만나면 "안녕", "어제는 뭐 했어?"라며 말을 건네서 불안한 아이의 마음을 달래주세요. 아이가 대답하고 당신이 반응을 보이는 사이에 아이의 마음이 편안해질 겁니다.

④ 접촉하기

아이가 바람직한 행동을 했고, 앞으로도 계속 그렇게 행동하기를 바란다면 신체적 접촉을 늘려 보세요.

타진(Tapping)이라는 방법이 있습니다. 어깨를 가볍게 톡 치듯이 건드려도 좋고, 토닥이듯이 빠르게 두 번 터치하는 방식도 괜찮습니다. 아이에게 ADHD 성향이 있다면 두 번 토닥이는 방식이 자극이 강해서 마음을 확실하게 전달할 수 있습니다.

단, 머리를 쓰다듬는 행동은 자제해주세요. 발달장애 아이들은 위에서 머리를 쓰다듬으면 압박감을 느낄 수 있습니다. 만지거나 쓰다듬을 때는 반드시 옆에서 손을 뻗어주세요.

⑤ 칭찬하기

'칭찬하기'라고 표현했지만, 사실 칭찬에도 다양한 방식이 있습니다. 목소리를 크게 높여서 "정말 대단하다!"라고 감탄하며 칭찬할 수도 있고, 작은 목소리로 조용히 "잘했다"라고 속삭이듯 칭찬할 수도 있습니다.

아이를 칭찬하는 방법은 다양합니다. 또한 강약을 조절해서 아이의 뇌에 미치는 자극을 조절할 수도 있습니다. 칭찬하기는 파고들면 파고들수록 심오한 기술이랍니다.

다만 칭찬할 때는 반드시 아이가 함께 배웠으면 하는 바람직한 행동이나 기술이 무엇인지 정확하게 언급해야 합니다. 그래야 진정으로 아이를 도울 수 있습니다.

매우 중요한 기술인 만큼 '칭찬하기'에 관해서는 이 책 3장 전체를 할애해 따로 정리했습니다. 자세한 내용은 3장을 참고하시고, 일단은 '칭찬하기'가 무엇보다 중요하다는 사실만 기억해주세요.

위험 요인과 보호 요인에 주목하세요

아이를 도울 방법을 찾을 때는 '요인 관리(Factor management)'라는 관점에서 생각해야 합니다. 평상시 아이를 자극하는 두 가지 요인 (Factor)을 파악해서 통제하는 것이 무엇보다 중요합니다.

① 위험 요인: 문제행동을 일으키는 적군

예를 들어 리코더 소리가 들리면 공황 상태에 빠지고, 같은 반 친구 A가 교실에 있으면 밖으로 나가버리는 아이가 있다고 합시다. 이 아이에게는 '리코더 소리'와 'A'가 위험 요인입니다. 아이를 도우려면 위

험 요인을 줄이거나 멀리 떨어뜨려 놓아야 합니다.

② 보호 요인: 문제행동을 막아주는 아군

다만 귀마개를 쓰면 어느 정도 참을 수 있고, A가 있어도 다른 친구
인 B가 등을 쓸어주면 조금은 안정을 찾는다고 합시다. 그렇다면 '귀
마개'와 'B'가 이 아이의 보호 요인입니다. 보호 요인을 늘리거나 가
까이 있게 하는 방법으로도 아이를 도울 수 있습니다.

보호 요인은 파악하지 못하고 놓치는 경우가 많지만, 아이를 도울
수 있는 힌트는 보호 요인 속에 숨어 있습니다. 보호 요인을 많이 찾
아낼수록 효율적으로 아이를 도울 수 있다는 사실을 명심하세요.

항상 표정과 미간을 살펴보세요

'얼굴에 쓰여 있다'라는 말이 있듯이 표정을 보면 상대의 기분을 어느 정도 알 수 있습니다. 어른이든 아이든 사람은 기분이 좋고 즐거운 일이 있으면 웃고, 불쾌하고 귀찮은 일이 생기면 얼굴을 찌푸리기 마련입니다.

따라서 얼굴을 자주 들여다보면 아이의 기분이 어떤지도 대충은 짐작할 수 있습니다. 그래서 저는 항상 아이의 표정을 꼼꼼하게 관찰합니다.

표정이 어둡거나 미간에 주름이 잡혀 있다면 지금 아이의 마음이 불편하다는 표시입니다. 이럴 때는 즉각 아이의 문제에 관여해야 합니다.

특별히 어려운 일도 아닙니다. 기회를 살피다가 적당한 때에 옆으로 다가가 말을 건네기만 하면 됩니다.

"괜찮니?"

"좀 쉴까?"

실제로 쉴지 말지는 아이의 판단과 상황에 따라 달라지겠지만, 어찌 됐든 어른이 말을 걸어주고 자신을 지켜보고 있다는 사실을 인지하면 아이는 안정을 되찾고 표정도 부드럽게 풀어집니다.

일상생활에서 실천하는 작은 배려 하나가 어른에 대한 믿음으로 이어집니다. 저는 세심한 배려가 가장 중요한 요소라고 생각합니다.

당장 도움이 필요한 아이의 표정

눈빛과 호흡을
관찰하세요

기분 나쁜 상황이나 견디기 힘든 상황에 놓이면 아이는 다음과 같은 반응을 보입니다.

- 흥분해서 날뛰며 싫다는 마음을 온몸으로 표현한다(투쟁).
- 다 내팽개치고 도망치려고 한다(도주).

여기서는 두 가지 반응을 합쳐 '투쟁-도주 반응'이라 하겠습니다.

발달장애가 있는 아이는 대부분 집단생활을 어려워합니다. 그래서 사람이 많은 장소에 가거나 학년 전체가 참가하는 운동회 연습을 할 때면 '투쟁-도주 반응'의 징후가 보일 때가 있습니다.

- 눈꼬리가 올라가고 눈빛이 날카로워진다.
- 숨이 거칠어지고 어깨를 들썩이며 숨을 쉬는 등 호흡 양상이 달라진다.
- 차분함을 잃고 흥분한다.

대표적인 '투쟁-도주 반응'입니다. 피할 곳이나 안심하고 기댈 수 있는 존재가 없어서 불안해지면 이런 반응이 나타납니다.

'투쟁-도주 반응'은 공황 상태나 흥분 상태로 이어질 수 있는 전조 증상인 만큼 즉시 어른의 개입이 필요합니다. 구체적인 방법은 7장에서 자세히 설명하겠지만, 우선 눈빛과 호흡을 주의 깊게 살펴봐야 한다는 사실을 기억해두세요.

주의해야 할 세 가지 변화

반드시 측정 데이터를
확보해야 합니다

어른들은 대부분 아이가 문제행동을 일으키는지, 아닌지 이분법적으로만 보는 경향이 있습니다.

하지만 이렇게 단순하게 생각해도 괜찮을까요? 아이가 문제행동을 일으킨 후 같은 문제가 다시 발생하지 않도록 행동의 원인을 찾아 제거하고 싶다면, 여기서 그쳐서는 안 됩니다. 반드시 한번은 아이의 행동을 측정해봐야 합니다.

아이가 여러 번 문제행동을 일으켰다면 다음에 설명한 부분들을 중심으로 노트에 적어서 아이의 말과 행동을 데이터로 모아 보세요.

① 횟수

"말씀하신 문제행동을 몇 번이나 보였나요?"

상담할 때 보호자나 선생님에게 이렇게 물으면 대부분 '한 번' 또는 '기억이 나지 않는다'라고 대답합니다. 단순히 개인이 느낀 인상 정도로 끝나버리면 아무리 중요한 정보라도 활용할 길이 없습니다.

예를 들어 친구를 때리는 아이가 있다면 누구를 몇 번 때렸는지 기록해주세요. 대상과 횟수를 구체적으로 파악해서 기록해두어야 합니다.

② 증감 추세

하루, 일주일, 또는 한 달 단위로 해당 문제행동을 몇 번이나 일으켰는지 헤아려봐야 합니다.

예를 들어 폭력적인 행동이 문제라면 아이의 행동을 지켜보면서 매일 횟수가 얼마나 늘고 줄었는지 그래프로 그려서 노트에 기록해세요. 행동의 증감 추세를 객관적으로 파악하면 경향성이 보이고, 문제행동을 일으키는 원인을 파악하기도 쉬워집니다.

아이 행동의 횟수를 확인할 때 사용하는 기록 예시

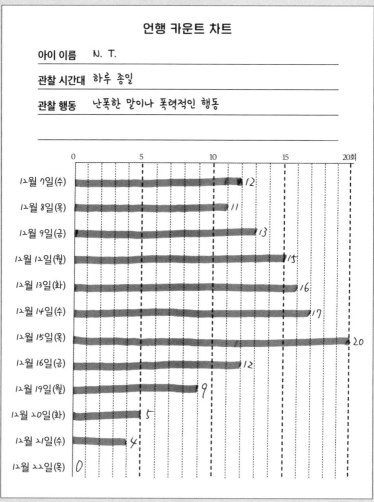

언행 카운트 차트

아이 이름   N. T.

관찰 시간대 하루 종일

관찰 행동   난폭한 말이나 폭력적인 행동

	0	5	10	15	20회
12월 7일(수)				12	
12월 8일(목)			11		
12월 9일(금)				13	
12월 12일(월)				15	
12월 13일(화)				16	
12월 14일(수)				17	
12월 15일(목)					20
12월 16일(금)			12		
12월 19일(월)		9			
12월 20일(화)	5				
12월 21일(수)	4				
12월 22일(목)	0				

실제 기록을 바탕으로 재현한 예시로, 컴퓨터로 작성한 양식에 형광펜으로 선을 그으면 막대그래프가 되도록 만들었다. N.T. 어린이의 경우 난폭한 말과 행동을 하는 횟수를 측정해보았더니, 12월 15일을 기점으로 행동의 횟수가 줄어들었다는 사실을 알 수 있었다. 경향성이 보이면 12월 15일 전후로 무슨 일이 있었는지 생각해서 아이를 도울 방법을 찾는다.

③ 지속 시간

문제행동이 장시간 지속된다면 반드시 지속 시간을 측정해야 합니다.

예를 들어 수업만 시작하면 잠시 후 자리에서 일어나 돌아다니는 아이가 있다고 합시다. 이때는 '실제 수업 참가 시간은 5분 정도'라는 식으로 구체적인 시간을 파악해주세요.

"**잠깐**밖에 참여하지 않았다."

"오늘은 **꽤 오래** 수업에 참여했다."

표현이 불확실하면 문제도 애매모호해집니다. '잠깐'이나 '꽤 오래'라는 말을 듣고 떠올리는 시간은 사람마다 다르기 때문에 반드시 객관적인 시간을 기준으로 파악해야 합니다.

이 책에 실제로 기록해본 예시를 표로 만들어 실었으니 참고해주세요. 실물은 공개할 수 없어 실제 기록한 내용을 바탕으로 재현한 자료입니다.

자료 속 내용은 폭언과 폭력이 나타난 횟수와 그 변화를 측정한 기록입니다. 양식은 아이 개개인이 가진 문제에 맞춰서 사용하기 편하게 만들어 주세요. 그래야 쉽게 데이터를 모으고 정리할 수 있습니다.

수집한 데이터를
분석해보세요

문제행동을 측정한 데이터를 모았다면 다음은 분석을 해야 합니다.
분석할 때는 다음 두 가지 사항을 특히 주의 깊게 살펴보세요.

① 요일에 따른 경향성

만약 요일에 따라 횟수에 변화가 있다면 '가정 환경'이나 '특정 교과
목'의 영향일 가능성이 큽니다.

- 이과 과목이 있는 날은 횟수가 증가했다.

- 금요일보다는 월요일에 횟수가 많았다.

이와 같은 경향이 나타났다면 '이과 과목이 싫어서 괴로운 걸까?', '월요일에 문제행동을 유발하는 특정 원인이 있는 걸까?'와 같은 식으로 추정해볼 수 있습니다.

② 횟수 증감의 경향성

요일에 따른 경향성이 보이지 않는다면, 문제행동을 일으키는 원인이 생활 환경에 있을 수도 있습니다. 예를 들어 학교라면 다음과 같은 요소를 확인해보세요.

- 근처에 앉는 아이와 사이가 좋지 않다.
- 항상 들리는 소리와 같이 특정 자극에 예민하다.
- 행사와 같이 집단 내부에서 일어나는 변화에 거부감을 느낀다.

원인은 이 밖에도 다양할 겁니다. 아이가 생활하는 환경을 확인하고, 아이가 편하게 생활할 수 있도록 조금씩 바꿔주세요.

당신의 대응이 효과가 있다면 문제행동은 차츰 줄어들 겁니다.

변화가 없다면 방법을 바꿔야겠지만, 효과가 없는 방법 하나를 제거할 수 있었으니 그만큼 다음 대책을 세우기는 편해지지 않을까요?

아이가 스스로
깨닫게 해주세요

다음 만화에 등장한 아이를 한번 봅시다. 집중해서 열심히 공부하는 모습이 참 기특합니다. 다만 한쪽 다리를 의자에 올려서 무릎을 세우고 앉아 있네요. 아이들이 집중할 때 흔히 나타나는 일종의 버릇입니다. 특히 ADHD 증상이 있는 아이에게서 많이 볼 수 있는 자세입니다.

하지만 아무리 봐도 불편해 보여서 고쳐주고 싶기는 합니다. 그렇다고 "다리 내려라"라고 일방적으로 지시하면 아이는 강요당한다고 느낄 수 있고, 아이가 부정적으로 받아들이면 행동을 고칠 수 없습니다.

저라면 "열심히 하네"라고 인정하는 말로 아이의 상태에 공감해주

아이가 깨닫게 해주세요

고, 만화에서처럼 다리를 살짝 건드렸을 겁니다. 가벼운 접촉으로 아이가 다리를 내려야 한다는 사실을 스스로 깨닫게 하는 방법입니다. 손바닥으로 살짝 쓸어줄 때도 있지만, 아이에게 감각과민 증세가 있다면 손등으로 가볍게 톡 치는 정도가 적당합니다.

아이가 아차 하고 다리를 내리면 그때 자연스럽게 칭찬해주세요.

"그래, 너도 알고 있었구나. 기특하네. 너무 집중해서 그랬던 거지? 선생님도 알아."

잘한 일(여기서는 '집중')에 공감해주면서 스스로 깨닫고 고칠 수 있도록 이끌어 주면 아이는 상대를 '나를 도와주는 사람'이라고 인식하고 안정감을 느낍니다. 그러니 주의를 주거나 가르치려 하지 말고 깨닫게 해주세요. 어떤 상황에서든 최대한 아이가 스스로 깨달을 수 있게 이끌어 준다는 생각으로 다가가야 합니다.

반드시 CCQ를
유지해주세요

이래저래 바쁘다 보니 어른들은 만화에서처럼 무심코 멀리서 큰 소리로 아이에게 무언가를 시키거나 칭찬하곤 합니다. 하지만 사실은 절대 하지 말아야 할 행동입니다.

발달장애가 있는 아이와 소통할 때는 반드시 지켜야 할 기본 원칙이 있습니다.

- Calm = 차분하게
- Close = 가까이서
- Quiet = 조용히

칭찬은 칭찬이지만…

이런 칭찬은 아이의 귀
에 들리지 않아요!

이를 앞 글자를 따서 CCQ라고 합니다. CCQ는 미국에서 개발된 '부모 훈련(Parents training)' 프로그램에서 활용하는 기본 기술입니다. 기본적으로 아이와 대화할 때는 CCQ를 지키지 않으면 무슨 말을 해도 통하지 않는다고 생각해주세요. 물론 만화에서처럼 우연히 알아듣고 시키는 일을 할 수도 있습니다. 하지만 아마도 그 후에 해준 칭찬은 아이의 머릿속에 남지 않았을 겁니다. 하고 싶은 말을 아이에게 확실하게 전달하고 싶다면, 반드시 가까이 다가가서 눈을 맞추고 차분하게 말을 걸어주세요.

참고로 CCQ는 어른을 향한 경고이기도 합니다. 어른이 먼저 흥분하면 훈육이나 교육을 제대로 할 수 없습니다. 아이보다 먼저 흥분하지 않는다는 마음가짐 역시 어른이 가슴에 새겨둬야 할 중요한 기술입니다. 항상 CCQ를 염두에 두고 대화하면 자연스럽게 바람직한 자세로 아이를 대할 수 있을 겁니다.

한 번에 한 가지만 말해주세요

방은 엉망으로 어질러 놓고 숙제는커녕 내일 학교 갈 준비도 해놓지 않은 아이를 보면 순간 욱하고 짜증이 밀려와 속사포처럼 잔소리를 쏟아낼 때가 있습니다.

하지만 발달장애 아이에게는 쉬지 않고 지시 사항을 연달아 쏟아내면 하나도 전해지지 않습니다. 단순히 알아듣지 못하는 정도가 아니라 만화에서처럼 사고가 정지되어 그대로 얼어붙어 버리기도 합니다. 왜 이런 반응을 보일까요?

아이 머릿속에서 어떤 일이 벌어지고 있는지 상상해 봅시다. 우선 어른이 청소하라고 말하면 아이는 "네"하고 대답합니다.

이때 아이는 하던 일을 중단해야 한다고 생각할 겁니다. 하던 일

뭐부터 해야 할지 모르겠어요!

을 마무리 지어야 마음이 놓이기 때문에 일단은 눈앞에 일에 집중
합니다.

그 순간 어른이 또 이야기합니다.

"그리고 숙제도 하렴."

그러면 아이는 '맞다! 숙제도 안 했지!'라는 생각을 떠올리고, 뇌는
다시 온통 숙제 생각으로 가득 찹니다.

그런데 여기서 또다시 "내일 학교 갈 준비는 했니?"라고 물으면 어

일시일사의 원칙

떻게 될까요? 더는 생각이 변화를 따라가지 못합니다. 작업기억 용량이 작은 아이는(16쪽 참고) 어떤 말에 주목해야 하는지 판단할 수 없는 상태가 되고, 그대로 사고의 흐름이 정지되어 버립니다.

원인은 아이가 해야 할 일을 연이어서 전달한 어른의 대응이 적절하지 못했기 때문입니다.

아이에게 지시를 내릴 때는 '한 번에 한 가지만' 전달해주세요. 과거 일본 최고의 교육자로 불렸던 무코야마 요이치(일본 교육기술학회

명예고문) 선생님은 이 원칙을 일시일사(一時一事)의 원칙이라고 정의 했습니다. 하고 싶은 말은 많겠지만 하나를 지시했으면 다음 일은 잠시만 참아주세요. 한 가지 일을 끝내고 나서 다음 일을 지시해야 아이가 따라올 수 있습니다.

숨은 지시와 마지막 말에 주의해주세요

앞에서 이야기한 '일시일사의 원칙'에 대해 더 자세히 알아봅시다. 사실 어른들은 언뜻 '일시일사'처럼 보이지만 따져 보면 여러 의미가 섞인 지시를 내릴 때가 의외로 많습니다. 일시일사의 원칙을 지키려면 말의 의미를 하나로 좁혀야 하지만, 미처 의식하지 못하고 말하기도 합니다. 구체적인 사례를 살펴봅시다.

① 여러 가지 지시 사항이 숨어 있다

어느 겨울날, ADHD를 앓고 있는 소영이는 학교에 갔습니다. 소영이

를 본 담임 선생님이 만화에서처럼 말을 건네셨죠.

이 사례에서 "가방 내려놓고 수업 준비하자"라는 말은 모호합니다. '준비'라는 말 속에는 코트를 벗는 일, 가방 속 내용물을 꺼내는 일, 책상 서랍에 넣는 일 등 여러 가지 지시 사항이 숨어 있습니다(숨은 지시).

한 문장으로 말했다고 해서 반드시 '일시일사의 원칙'을 지켰다고 볼 수는 없죠. 한 문장에 두 가지 이상의 내용이 숨어 있으면 소용없는 일입니다.

② 마지막 말이나 문구가 기억에 남는다

이제 수학 시간이 되었습니다. 소영이도 열심히 수업에 집중했습니다. 노트를 펼치고 연필을 손에 든 채로 선생님의 말씀을 기다렸습니다.

오늘은 덧셈을 배울 차례였고, 선생님은 아이들에게 다음에 나오는 만화에서처럼 말했습니다.

아마도 선생님이 하고 싶었던 말은 "13+2라는 식을 노트에 적어보세요"였을 겁니다.

그런데 "(식을) 노트에 적어보세요"라는 말을 먼저 하고, 그 뒤에 "13+2예요"라는 말을 덧붙이셨네요.

언뜻 아이를 배려해서 말했고 '일시일사'의 원칙도 잘 지켜 전달한

것처럼 보입니다.

하지만 앞에서 설명했듯이 작업기억 용량이 작은 발달장애 아이는 마지막 말이나 문구만 기억하는 특성이 있습니다(19쪽 참고).

따라서 소영이의 머릿속에서는 "노트에 적어보세요"라는 선생님의 지시가 그다음 "13+2예요"라는 말로 덧칠해져 버립니다. 그래서 "선생님, 뭘 하면 되나요?"라는 질문이 나온 겁니다.

앞서 살펴본 두 가지 사례와 비슷한 일들이 집이나 학교에서 자주 발생합니다. 한 번에 한 가지 말만 했는데도 아이가 이해하지 못할 때는 자신이 어떤 표현을 사용했는지 다시 한번 생각해보세요.

아이와 하이파이브를 해보세요

저는 하이파이브를 단순히 신체 접촉을 위한 수단으로만 사용하지 않고, 이른바 '하이파이브 평가법'으로 활용하고 있습니다. 손바닥을 마주치는 간단한 행동으로도 많은 것을 알 수 있습니다.

다음 만화에 나오는 A의 경우처럼 아이가 "짝!" 소리가 나도록 강하게 손을 마주치면 힘이 넘치고 강한 자극을 원한다고 추측할 수 있습니다. 활력이 넘치면 당연히 좋지만, 힘이 넘친 나머지 소란을 피우거나 일어나서 돌아다니고, 화를 내다가 친구를 때릴 가능성도 있습니다. 또한 세게 치면 상대가 아플 수 있다는 점을 헤아리는 능력이 부족한 아이일 수도 있습니다.

반면 B의 경우는 약한 자극을 선호하는 아이라고 추측할 수 있습니다. 이런 유형의 아이는 큰 소리가 나거나 사람이 많은 장소와 같이 감각적으로 자극을 받을 수 있는 곳을 싫어하고, 대인관계에서 불안을 느낄 때가 많습니다. 어쩌면 집단 활동이나 교우관계에서 배려가 필요할지도 모릅니다.

보통 3월은 학년이 바뀌고 선생님이 아이들과 처음 만나는 시기입니다. '하이파이브 평가법'은 특히 3월에 교사들이 활용할 수 있는 유용한 방법입니다만, 집에서 보호자가 그때그때 아이의 기분을 파악할 때도 도움이 될 겁니다.

매일 하이파이브를 하면서 강도의 변화를 느껴보세요. 아이가 주변 사람들이나 환경에 잘 적응하고 있는지 알 수 있는 기준으로 삼

A

B

을 수 있습니다. 아이가 환경에 잘 적응해서 즐겁게 지내고 있다면 하이파이브 강도가 세질 테고, 심리적으로 지쳐있다면 강도가 약해질 겁니다. 꼭 한번 활용해보세요.

초등학생에게 SST가 필요할까?

발달장애 치료교육법으로 널리 알려진 방법 중에 SST(Social Skills Training)라는 훈련법이 있습니다. SST는 역할연기(Role play)를 통해 사회생활에 필요한 기술을 배우는 훈련입니다.

주로 다른 사람에게 정중히 부탁하는 법이나 상대가 기분 나쁘지 않게 거절하는 법과 같은 소통 기술을 연습합니다. 하지만 저는 초등학생 아이가 무리해서 SST 같은 치료교육을 받을 필요는 없다고 생각합니다. 사회적 기술(Sosial Skill)이 정말 필요해지는 16~18세 청소년기에 받는 편이 훨씬 효과적이기 때문입니다.

집착하는 성향이 강한 아이나 혼나서 상처받은 적이 있는 아이들에게 특히 효과적인 훈련이기는 하지만, 초등학교 저학년 아이는 훈련을 받아도 사회적 기술을 습득하지 못하는 경우가 많습니다.

억지로 SST를 받게 하기보다는 어른이 먼저 아이의 집착 성향을 배려할 수 있는 방법을 찾거나 아이와 신뢰 관계를 강화하는 방법을 찾아서 좋은 관계를 구축하는 일이 우선되어야 하지 않을까요?

제 3 장

실제로 효과가 검증된
칭찬법·교육법

칭찬할 때 지켜야 할
다섯 가지 포인트

어른들은 왜 아이를 칭찬할까요? 이유는 간단합니다. 아이가 다음에도 똑같이 바람직한 행동을 하길 바라기 때문입니다.

발달장애가 있는 아이도 전형적인 발달 과정을 거친 아이와 마찬가지로 칭찬을 받으면 바람직한 행동을 습득하게 됩니다. 그리고 바람직한 행동을 많이 습득할수록 자연스럽게 문제행동은 줄어들죠.

다만 발달장애 아이 중에는 자극에 무딘 특성을 가진 아이도 있고, 어떤 행동이 바람직한 행동인지 아직 배우지 못한 아이도(미학습, 21쪽 참고) 있습니다. 이런 아이들은 단순히 '대단하다', '잘했다'라는 말로만 칭찬하면 자신이 왜 칭찬을 받는지 이해하지 못하기 때문에 자칫 의미 없는 행동으로 끝나버릴 수 있습니다.

따라서 칭찬을 할 때는 또렷한 목소리와 손짓, 몸짓을 이용해 강한 자극을 주면서, 아이가 한 바람직한 행동이 무엇인지 아이의 머릿속에 확실하게 '입력'시켜야 합니다.

이처럼 강한 자극을 이용해 정보를 입력하는 방법을 행동의 강화라고 합니다. 칭찬으로 행동이 강화되면 또다시 칭찬받을 기회가 생기고, 그렇게 서서히 몸이 기억하는 행동으로 정착됩니다. 이 현상을 강화의 원리라고 합니다.

즉 행동을 강화해서 아이가 완전히 몸에 익힐 수 있게 하려면 지금 어떤 부분을 잘해서 칭찬받는지를 정확하게 알려줘야 합니다. 구체적으로 다음에 나오는 다섯 가지 규칙을 지켜주세요.

O 이름을 부르고 칭찬하는 이유를 구체적으로 언급한다.

X 머리를 쓰다듬으며 칭찬한다.

① 이름 부르며 칭찬하기: 특정화

이름을 부르지 않으면 자기가 칭찬받고 있다는 사실을 인지하지 못하는 아이도 있습니다. 칭찬하기 전에 "○○야" 하고 이름을 불러서 아이의 시선을 돌린 후에 칭찬해주세요. 간단한 기술 하나로 칭찬의 효과를 확실하게 높일 수 있습니다.

② 바로 칭찬하기: 즉시성

'나중에 하는 칭찬'은 작업기억 용량이 작은 발달장애 아이에게는 아무런 의미가 없습니다. 시간이 지나면 자기가 어떤 일을 했는지 자체를 잊어버리기도 합니다. 그러니 칭찬은 '그 자리에서', '즉시' 해주세요. 기회를 놓치지 말고, 그 즉시, 시원시원하게 아이를 칭찬해야 합니다.

③ 구체적으로 칭찬하기: 명시성

"똑바로 앉아 있으니 보기 좋네. 기특하기도 하지."
"잘했다! 지금 한 방식 그대로만 하렴."
"발표하는 목소리가 힘차서 듣기 좋구나!"

칭찬할 때는 구체적으로 어떤 점이 좋았는지 명확하게 집어주어야 합니다. 단순히 '대단하다', '잘했다'라는 말만 던지면 당신의 마음은 전해지지 않습니다.

④ 계속하길 바라는 바람직한 행동 언급하기: 언어화

문제행동이나 바람직하지 않은 행동을 자주 하는 아이를 보면 어른들은 주의를 주고 가르치려고 하기 마련입니다. 다만 이때 "××는 하면 안 돼!"라고만 말하면, 아이의 머릿속에는 오히려 바람직하지 않은 행동인 '××'만 입력될 수 있습니다.

하면 안 되는 행동이 아니라 아이가 계속했으면 하는 바람직한 행동을 언어화해서 아이의 머릿속에 입력시켜 주세요. 생각을 바꾸면 자연스럽게 칭찬할 기회도 늘어날 겁니다.

⑤ 지금 그대로의 모습 칭찬하기: 사실 적시

아무리 봐도 어떤 점을 칭찬해야 할지 모르겠다면 아이가 하는 행동을 그대로 말해보세요. 예를 들어 아이가 노트에 무언가를 쓰고 있다고 합시다.

"글씨 쓰기 하네! 글씨 쓰기!"

웃는 얼굴로 리듬감 있게 두 번 반복해서 사실을 있는 그대로 말하면 이 또한 칭찬이 됩니다. 마찬가지로 "앉아 있네! 앉아 있어!"나 "깨끗하다! 깨끗해!"와 같은 말도 칭찬이 됩니다. 이 정도라면 얼마든지 떠올릴 수 있지 않을까요?

가르침에는 인내가 필요합니다

발달장애 아이를 대할 때는 '가르치고 칭찬한다'라는 생각을 기본 전제로 해야 합니다. 여기에 하나 더 덧붙이자면 '가르치기는 했지만 바로 효과를 기대하지는 않는다'라는 마음가짐 역시 중요합니다.

발달장애 아이들은 새로운 정보가 입력되어도 바로바로 행동에 반영하지 못합니다. 그러니 '가르쳐주었으니 됐다'라는 마음으로 일단 기다려 주세요.

특히 선생님들은 당장 어떻게든 해주고 싶어 하거나 아이의 행동이 바뀌기를 바라고, 눈앞에서 당장 해결해주고 싶어서 조바심을 내기도 합니다. 하지만 초조해할수록 말은 더 엄하게 나오고 오히려 아이와 관계만 나빠질 뿐입니다.

친구를 때린 태영이

'가르쳐주기는 했지만 처음에는 힘들겠지. 다음에 다시 한번 가르쳐주자.'

어른이 먼저 마음을 느긋하게 가져야 아이도 다정하게 대할 수 있습니다.

이번에 나오는 만화를 통해 친구를 때린 아이의 사례를 살펴봅시다.

문제행동을 일으키고 하루가 지났지만, 태영이에게는 '아까' 있었던 일인 모양입니다. 태영이처럼 특이한 시간 감각을 가진 아이도 있고, 아무리 쉬운 기술이라도 어떤 아이에게는 어려울 수 있습니다. 어려운 기술은 가르쳐주어도 바로 행동에 옮기기 힘들죠. 그래서 시간이 필요합니다.

그래도 아이는 언젠가 어른이 가르쳐준 기술을 분명 활용합니다. 그러니 아이를 믿고 느긋한 마음으로 가르치고 칭찬하는 일을 멈추지 마세요.

아이가 눈을 맞춰오면 반드시 칭찬해주세요

아이가 바람직한 행동을 한 직후에 당신을 바라본다면 이때야말로 놓치면 안 될 칭찬 타이밍입니다.

다시 말해 아이와 눈이 마주치면 반드시 칭찬해줘야 합니다. 중요한 규칙이니 꼭 기억하세요. 102쪽에서 설명했던 즉시성이 그 어느 때보다 필요한 순간입니다.

하지만 안타깝게도 이 기회를 놓치는 부모님과 선생님이 생각보다 많습니다. 아이가 바람직한 행동을 하고 나서 눈을 맞춰오면, 그때는 만사 제쳐두고 먼저 아이부터 칭찬해주세요. 그 순간을 놓치면 바람직한 행동을 강화할 소중한 기회도 함께 잃게 됩니다.

단, 너무 앞서가지는 마세요.

만약 아이가 당신을 보지 않고 하던 행동을 계속하고 있다면, 그때는 일단 옆에서 지켜봐야 합니다. 칭찬은 아이가 행동을 마무리한 다음에 해주세요.

"조금 전에 한 ○○(행동), 정말 잘했어."

이때 아이가 행동을 떠올릴 수 있게 짚어주면서 칭찬하면 됩니다. 아무리 칭찬이 중요해도 아이가 무언가에 집중하고 있을 때 행동을 중단시키면서까지 할 필요는 없습니다.

우연히 일어난 일은 칭찬하지 마세요

이번에 나오는 만화에서처럼 어른들은 우연히 목격한 일을 칭찬할 때가 있습니다. 하지만 아이가 의식하지 않고 우연히 한 행동은 칭찬하지 말아야 합니다.

만화에서처럼 목소리가 발랄해서 좋다고 아이를 칭찬하면 자칫 아이가 '목소리를 발랄하게 내면 칭찬받는다'라는 잘못된 정보를 학습(26쪽 참고)해서 그 후로 언제 어디서든 큰 목소리로 말하려 할지도 모릅니다. 그렇게 되면 곤란하겠죠?

칭찬은 기본적으로 아이가 바람직한 행동을 했을 때 합니다. 특히 아이가 의식적으로 특정 행동을 했을 때나 어른이 가르쳐준 기술을 제대로 발휘했을 때는 반드시 칭찬해주세요.

칭찬할 일이 아니에요!

우연히 한 행동이지만 그럼에도 꼭 칭찬하고 싶다면, 그때는 앞으로도 계속했으면 하는 행동인지를 잘 생각해본 후에 해당 행동을 강조해서 칭찬해야 합니다. 예를 들어 아이가 복도를 조용히 걷는 모습을 봤다면 이렇게 칭찬할 수 있습니다.

"○○가 복도를 조용히 걸으니까 선생님 기분이 무척 좋구나."

우연한 행동이지만 복도는 항상 조용히 걸어야 하니 이런 경우는 칭찬해도 괜찮습니다.

칭찬은 아이가 하는 바람직한 행동을 강화하는 '수단'이라는 사실을 잊지 마세요. 단순히 칭찬 자체를 목표로 삼고 우연히 일어난 일까지 전부 칭찬하다 보면, 아이가 잘못된 정보를 학습할 수 있으니 주의해야 합니다.

힘주어 또렷하게
말해보세요

아이를 칭찬할 때는 반드시 에너지를 가득 담아서 활기차게 칭찬 해주세요. 조심스럽고 소극적인 칭찬은 아이의 머릿속에 남지 않습 니다.

특히 제 기준에서 보면 보호자들의 칭찬은 약간 부족할 때가 많 습니다. 의도적으로 조금은 과하다 싶을 만큼 크게 칭찬해주셨으면 좋겠습니다.

예전에 몇 번인가 미국의 특수교육 현장을 시찰한 적이 있었습니 다. 그때 현지에 사는 평범한 가정의 보호자와 이야기를 나눌 기회 가 있었는데, 미국의 부모님들이 아이를 끊임없이 칭찬하는 모습이 상당히 인상 깊었습니다.

"너는 세상에서 최고로 멋진 아이야!"

"네가 최고다! 세상에 너보다 잘하는 아이는 없을 거야!"

그들은 침이 마르도록 아이를 칭찬했습니다. 반면에 주의를 주거나 꾸짖는 모습은 거의 볼 수 없었습니다. 아이의 장애 정도가 중증일수록 부모는 자녀를 자랑스럽게 생각하며 더 적극적으로 칭찬했습니다. 저에게는 충격적인 경험이었죠.

제 주변에 있는 사람들은 대부분 주위 사람을 의식하면서 겸손하고 조심스럽게 칭찬했기 때문입니다. 괜한 겸손은 과감히 던져버립시다.

발달장애가 있는 아이가 평범한 일상생활을 따라가려면 다른 아

칭찬은 아이의 뇌리에 정확하게 심어주겠다는 생각으로 해주세요

이들보다 훨씬 많이 노력해야 합니다. 그러니 더 적극적으로, 더 많은 에너지를 담아 활기차게 칭찬해줘야 마땅합니다.

어떻게 해야 활기차게 아이를 칭찬할 수 있을까요?

제가 교사들을 대상으로 한 세미나에서 선생님들이 익혀야 할 기본 기술로 항상 소개하는 방법은 힘주어 말하기입니다.

오해하지 마세요. 힘으로 아이를 압박하라는 말이 아닙니다. 아이를 칭찬하고 싶은 마음을 활기찬 행동과 말로 표현해서 더 확실하게 전달하라는 의미입니다.

구체적으로 설명하자면, 우선 아이에게 반걸음 다가서 주세요. 그

① 반걸음 다가선다　　② 큰 목소리로 말한다

그렇지!

리고 몸 안의 에너지를 끌어올려서 크고 또렷한 목소리로 "그렇지!" 라고 말하면 됩니다.

목소리에 힘을 주어서 말에 무게감을 싣는 겁니다. 이 정도로 힘주어 말하지 않으면 상대의 의도를 이해하지 못하는 아이도 있습니다.

힘주어 말하기 기술은 특히 선생님들에게 유용한 기술입니다. 선생님은 평소 혼자서 20~30명의 아이를 통솔해야 하죠. 다시 말해 20~30명에게 생각을 전달할 수 있을 만한 '에너지'가 필요합니다.

학교 수업 시간을 생각해봅시다. 아이가 발표한 답이 정답이었을 때 선생님이 조용히 "맞았다"라고만 말하면, 발달장애가 있는 아이는 자기가 칭찬을 받았다는 사실을 인지하지 못합니다. 선생님의 반응이 어중간하면 발표한 뒤에 자리에서 일어나 돌아다니는 아이도 있습니다.

저는 대학을 갓 졸업한 1년차 교사에게 특히 더 강조합니다.

"힘을 줘서 말하세요. 힘차게."

"가까이 다가가서 목소리를 전달한다는 느낌으로 말해야 합니다."

선생님들뿐만 아니라 보호자들도 집에서 꼭 활용해보셨으면 좋겠습니다.

전후를 잘 비교해보세요

아이의 행동을 보고 칭찬할지 말지를 결정해야 할 때 기준은 어디에 두어야 할까요? 상식적으로 생각했을 때 좋은 행동이면 그냥 칭찬해도 되는 걸까요?

칭찬의 기준은 '아이의 성장'에 있습니다.

예전과 비교해서 아이가 성장했다고 느꼈다면 이때가 바로 칭찬할 타이밍입니다. 쉽게 말해 칭찬할지 말지는 과거와 현재를 비교하는 '전후 비교법'을 활용해서 결정하면 됩니다.

"걸레질을 지난번보다 깔끔하게 했네!"

"이번 답장은 지난주보다 훨씬 매끄럽구나!"

전보다 좋아졌다는 부분을 강조하면서 칭찬하면 더 확실한 효과를 볼 수 있습니다.

종종 어느 부분을 칭찬해야 좋을지 모르겠다거나 칭찬할 점이 없다고 토로하는 사람들이 있습니다. 아마도 그런 사람의 칭찬 기준은 '자기 자신', 즉 어른의 기준일 겁니다. 아니면 '이 정도야 당연한 일'이라고 생각하는지도 모르겠습니다.

두 생각 모두 옳지 않습니다. 우리에게는 지극히 당연한 일이라도 발달장애 아이들에게는 엄청난 에너지를 쏟아부어야 할 수 있는 행동이라는 사실을 잊지 마세요.

예전과 비교해서 칭찬하면 아이도 자신의 성장을 자각할 수 있어요.

누구나 당연하게 할 수 있는 일도 발달장애 아이들에게는 '굉장한 일'입니다. 생각을 바꾸고 아이들을 바라보면 칭찬할 부분들이 눈에 들어오기 시작할 겁니다.

전후 횟수를
비교해보세요

뒤에 나오는 만화에 등장한 어른의 칭찬 방법은 나쁘지 않았습니다. 바람직하지 않은 행동을 멈춘 것은 분명 칭찬할 포인트였고, 앞에서 설명했던 대로 '전후 비교법'도 잘 활용했습니다.

다만 욕심을 부려보자면 조금 아쉽습니다. 여기에 한마디만 덧붙였다면 좋았겠네요.

"어제는 **5번**을 말했을 때 그만했는데, 오늘은 **2번** 만에 멈췄네! 잘했어!"

이렇게 구체적인 횟수까지 넣어서 전후를 비교했다면 완벽했을 겁니다.

수치를 언급하면 '지난번보다 적은 횟수에서 그만두었다'라는 구체

2% 부족한 칭찬법

적인 칭찬 포인트를 아이에게 알려줄 수 있습니다.

앞의 만화와 같은 상황에서는 아이의 행동을 전환할 때 주의를 주는 횟수가 적을수록 이상적인 상태에 가깝습니다.

아이가 '여러 번 주의를 듣기 전에 놀이를 그만두면 칭찬받는다'라는 사실을 인식하면 다음에는 한 번만 주의를 주어도 하던 놀이를 멈추게 됩니다.

그저 막연하게 칭찬하지 말고 이상적인 상태를 만들려면 '무엇'을 칭찬해야 하는지 고민해보세요. 아이의 행동을 바라보는 관점이 달라질 겁니다. 관점이 달라지면 자연스럽게 더 나은 칭찬 방법도 보이지 않을까요?

칭찬할 때 하나 더
추가해보세요

우리는 대부분 아이가 한 행동의 결과를 평가하고 보상하기 위해 칭찬을 합니다. 만화에 등장한 어른도 수돗가에서 장난치던 아이가 장난을 멈춘 행동을 칭찬해주려고 '대단하다'라는 칭찬 표현을 사용했습니다.

물론 이처럼 결과를 칭찬하는 방식도 좋습니다만, 조금 더 욕심을 부려서 살짝 응용해보면 어떨까요?

아이를 칭찬하는 이유는 아이가 바람직한 행동을 계속하길 바라기 때문입니다. 그러니 바람직하지 않은 행동을 멈췄다는 결과만이 아니라, 아이가 한 바람직한 행동이나 기술을 하나 더 찾아서 칭찬하는 말 속에 포함해 전달해보세요.

2% 부족한 칭찬법

예를 들어 만화 속 상황이라면 수도꼭지를 잠근 행동을 칭찬하기 전에 이렇게 말할 수 있습니다.

"굉장하다! 지금 '네'라고 대답한 거야?"

한마디만 추가하면 "어른이 말했을 때는 '네'라고 대답한다"라는 기술도 단련시킬 수 있습니다. 이런 방식으로 꾸준히 기술들을 강화해 가다 보면 다른 상황에서도 자연스럽게 어른의 말에 대답하는 바람직한 행동을 하게 됩니다.

"믿는다!"라는 말로
칭찬해주세요

예전에 발달장애가 있는 아이들을 대상으로 진행한 설문조사에서 '어떤 어른이라면 믿을 수 있는가?'라는 질문을 한 적이 있습니다. 가장 많았던 응답은 '나를 이해해주는 어른'이었습니다.

그렇다면 어른이 먼저 아이에게 이해하고 있다는 메시지를 담아 말을 건네면 아이도 어른을 믿고 마음을 열 수 있지 않을까요?

지금부터 아이를 이해하고 있다는 메시지를 담아서 칭찬하는 방법 세 가지를 살펴봅시다.

① 기대했던 마음을 드러내며 칭찬하기

예문: "○○라면 이 문제를 풀 수 있을 줄 알았어. 역시!"

'그럴 줄 알았어!'라는 표현은 신뢰 관계(Rapport) 형성을 위한 최고의 요소입니다. ③번에서 소개할 '믿음'과 일맥상통하는 부분이기도 합니다.

② 줄곧 지켜보고 있었다는 전제로 칭찬하기

예문: "○○야, 지난달보다 걸레질을 깨끗하게 잘하네!"

전후를 비교하며 칭찬하는 방식의 장점은 이미 앞에서 설명했지만(118쪽 참고), 여기에 더해 과거의 일을 화제로 삼으면 '전부터 너를 관심 있게 지켜보고 있었다'라는 메시지도 전달할 수 있습니다. 이런 칭찬을 들으면 아이는 상대가 자신을 든든하게 지켜보고 있다는 사실을 느끼게 됩니다.

③ 믿음을 담아 칭찬하기

예문: "○○야, 짜증이 났을 텐데 잘 참았네. 할 수 있을 거라고 믿었어!"

단순히 "믿는다!"라고 돌직구를 던져도 괜찮습니다. 믿는다는 말
만큼 신뢰 관계를 형성하고 싶다는 마음을 확실하게 전해주는 말이
또 있을까요?

칭찬받는 법부터 가르쳐주세요

이번 만화 속 사례는 제가 실제로 경험했던 일입니다. 송이는 칭찬받아 본 경험이 별로 없었습니다. 칭찬을 받으면 어떻게 반응해야 하는지 몰랐고, 그래서 압정을 쏟아 버린 거죠. 실제로 송이도 이렇게 말했습니다.

"칭찬을 받으면 다음에 어떻게 해야 하는지 몰랐어요."

배우지 못해서(미학습) 한 행동이었을 뿐인데, 문제행동으로 분류된다면 너무나 안타까운 일입니다. 이럴 때는 화를 내지 말고 어떻게 반응하면 되는지를 알려주세요.

"<u>칭찬을 받으면 '감사합니다'라고 말하면 돼.</u>"

저는 아이에게 방법을 가르쳐주었습니다. 칭찬을 받았을 때 감사

하다고 인사하는 기술만 가르쳐주어도 다음부터 자연스럽게 칭찬을 받아들이기도 합니다.

그리고 다음번에 같은 아이를 칭찬할 일이 생기면 칭찬하기 전에 먼저 물어보세요.

"지금 칭찬해주려고 하는데 괜찮을까?"

"지금부터 너를 칭찬할 건데, 칭찬을 받으면 '감사합니다'라고 말해보자."

칭찬하기 전에 미리 알려주는 것도 좋은 방법입니다. 다음에 일어날 일을 예측할 수 있으면 아이도 미리 마음의 준비를 하고 편하게 칭찬을 받아들일 수 있습니다.

아이의 행동에
점수를 매겨주세요

일상생활을 하다 보면 매일 반복적으로 하는 일들이 생깁니다. 예를 들어 학교에서는 매일 빗자루로 바닥을 쓸고 걸레로 책상을 닦아야 합니다. 이처럼 규칙적으로 반복되는 일들을 아이가 제대로 해내길 바란다면, 점수를 매겨서 구체적으로 칭찬해보세요.

집에서 아이에게 식탁 닦기를 가르치고 싶다고 합시다. 우선 어른이 능숙한 손놀림, 즉 100점짜리 식탁 닦기 방법을 아이에게 가르쳐주세요. 그 후에 아이에게 '100점 만점에서 80점 이상이면 합격'이라는 기준을 알려줍니다.

그리고 다음번에 아이가 식탁을 닦았을 때 다른 말은 하지 말고 점수만 알려주세요. "오늘은 70점이야!" 정도면 충분합니다.

만약 식탁을 닦는 아이의 실력이 아직 부족했다면 그때는 "80점까지 올려보자"라고 격려하면서 다시 도전할 수 있도록 해주세요. 아이도 기분 좋게 고쳐나갈 겁니다.

반대로 아이가 완벽하게 잘 해냈다면 구체적으로 칭찬해주세요.

"오늘의 식탁 닦기 점수는 90점이다. 합격!"

수치화해서 이야기하면 아이가 쉽게 이해할 수 있고 전후를 비교하기도 쉬워집니다. 오늘부터 아이의 행동에 점수를 매겨 보세요.

똑같은 칭찬이라도 구체적인 수치를 들어서 이야기하면 효과를 훨씬 높일 수 있어요

시각과 촉각을 활용해보세요

"칭찬만 잘해도 좋은 선생님이다."

제가 스승으로 섬기는 무코야마 요이치 선생님(일본 교육기술학회 명예 고문)이 하신 말씀입니다. 저는 어쩌면 이 말이 모든 어른에게 해당하지 않을까 생각합니다.

일단 꾸짖기보다 일단 칭찬하는 부모님, 선생님이 되어주셨으면 좋 겠습니다. 물론 어떤 말로 칭찬해야 할지 쉽게 떠오르지 않을 때도 있고, 말을 꺼내기 어려운 상황일 수도 있습니다. 병원 대기실에 있 는 상황이라면 어떨까요? 조용히 해야 할 장소에서 아이를 확실하게 칭찬해주기란 쉬운 일이 아닙니다.

그럴 때를 대비해서 저는 칭찬 카드를 추천합니다. 다음에 나오는 그림처럼 만든 카드를 미리 준비해두었다가 조용히 해야 할 장소에서 아이를 칭찬할 일이 생기면 꺼내서 보여주세요.

목소리를 낼 수 있는 장소에서 아이를 칭찬할 때도 말과 함께 카드를 보여주면 효과를 높일 수 있습니다. 발달장애가 있는 아이는 소리보다 시각 정보를 더 쉽게 이해하기 때문에 더 확실하게 칭찬하고 있다는 메시지를 전달할 수 있습니다.

또한 몸짓이나 신체 접촉과 같이 촉각을 활용하는 방법도 있습니다. 그중에서 하이파이브는 가장 손쉽고 빠르게 활용할 수 있는 방법입니다.

다만 신체 접촉을 할 때 아이의 머리를 쓰다듬는 행동은 적절하지 않습니다. 발달장애가 있는 아이는 머리 위에 손이 올려지면 압박감과 공포를 느낄 수 있습니다. 아이와 신체 접촉을 할 때는 옆에서 손바닥으로 어깨를 가볍게 만지는 정도가 적당합니다.

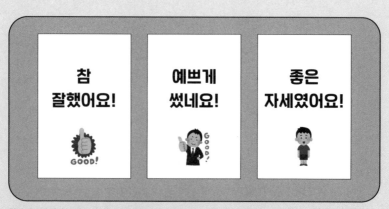

칭찬 카드의 예시로, 카드 사진을 태블릿 같은 휴대용 기기에 저장했다가 필요할 때 보여주는 것도 한 방법이다.

공감을 부르는 표현을
사용해보세요

어른이 늘 똑같은 말로 칭찬을 하면 칭찬하기라는 행위가 한 가지 형태로 굳어져서 아이가 지루함을 느끼고, 그만큼 효과도 떨어지게 되므로 주의해야 합니다.

자신의 칭찬 방식이 늘 똑같아서 걱정이라면 '공감을 부르는 칭찬 표현'을 활용해보세요. 구체적으로 설명하자면 '그'로 시작하는 표현을 활용할 수 있습니다. 다음의 예를 참고해주세요.

"그거 좋구나!" "그렇지!" "그렇게 생각해!" "그랬구나!" "그래, 그래!" "그거야, 그거!"

아무리 능력 있는 선생님이라도 칭찬할 말이 다양하게 떠오르지 않아서 난감할 때가 있습니다. 마찬가지로 매일 아이와 함께 생활하

똑같은 칭찬은 질려요.

식상한 칭찬에 질리
지 않게 할 좋은 방법
이 있어요!

는 보호자도 어떤 말로 칭찬해야 할지 떠오르지 않아서 고민할 때가 있을 겁니다.

그럴 때는 앞에서 언급한 '그'로 시작하는 표현을 사용해 조금 강한 어조로 말해보세요. 만화에서처럼 아이가 공부를 열심히 하고 있다면 지나가는 말로 "그래, 그래! 숙제를 열심히 하니 기특하구나!"라고 칭찬할 수 있습니다.

'그'로 시작하는 표현은 공감을 부르는 말입니다. 어른이 자주 사용하는 모습을 보여주면 아이도 자연스럽게 공감을 표현하는 기술을 배울 수 있습니다. 그야말로 두 마리 토끼를 잡는 기술이죠.

칭찬 사이에도
적당한 간격이 필요합니다

같은 행동을 두고 늘 똑같은 말과 억양으로 칭찬하면 아이가 식상함을 느끼고 결국 칭찬받아도 좋아하지 않는 상태에 빠지게 됩니다.

앞에서 언급했던 '그'로 시작하는 표현도 식상함을 막아주는 방법이지만, 여기에 한 가지 기술이 더 필요합니다. 칭찬과 칭찬 사이에 적당한 간격을 벌려주세요.

아이가 무언가를 처음 해냈을 때나 새 학년에 올라갔을 때, 이른바 '초기'라고 할 수 있는 상황에서는 파묻힐 만큼 칭찬 세례를 쏟아내야 합니다. 그래야 아이와의 신뢰 관계를 굳히고 의욕도 높여줄 수 있습니다.

하지만 시간이 조금 지나면 칭찬 횟수를 줄여서 점차 간격을 벌려

주세요. 칭찬과 칭찬 사이에 간격을 두는 방법을 간헐성을 부여한다고 합니다. 그렇다면 언제부터 어느 정도의 간격을 두면 될까요? 참고로 제 기준은 다음과 같습니다.

- 초반: 무조건 많이 칭찬한다.
- 중반: 칭찬 횟수를 절반 정도로 줄인다.
- 후반: 20%까지 줄인다.

집이라면 아이가 바람직한 행동을 배우려고 노력하기 시작했을 때가 '초반'에 해당합니다. 그 후에는 아이의 모습을 지켜보면서 칭찬 횟수를 줄여 나갑니다. 어느 정도 자라서 행동이 완전히 몸에 익게 됐을 때, 즉 '후반'에 들어서면 칭찬 횟수를 대폭 줄여야 합니다.

어른이 가르쳐준 바람직한 행동과 기술을 아이가 완전히 몸에 익혔다고 합시다. 해당 행동과 기술을 자연스럽게 발휘할 수 있는 상태가 되면 이제 잊어버리지 않습니다. 그때는 칭찬 횟수를 크게 줄여도 괜찮습니다.

다만 시기나 나이에 상관없이 아이가 눈을 맞춰오면 그때는 예외 없이 반드시 칭찬해주세요. 아이가 어른을 바라보면서 눈을 맞추는 행동은 칭찬받고 싶다는 신호입니다. 그 순간만은 절대 놓치지 않도록 주의해주세요.

단순한 사례에 불과하지만 저는 학교에서 칭찬에 간헐성을 부여할 때 다음과 같은 기준을 사용합니다.

① 3~5월

이 시기는 한 해의 초반에 해당합니다. 이때는 아이와 신뢰 관계를 형성하기 위해서라도 되도록 많이 칭찬합니다. 학년과 교실이 바뀌면서 처음 만나는 아이도 있어서 일단은 칭찬을 마구 쏟아냅니다.

② 5월 이후

중반에 해당하는 시기에 접어들면 칭찬하는 횟수를 초반 대비 절반 정도로 줄입니다. 그렇다고 해서 기계적으로 딱 반으로 줄이는 것은 아니고, 아이의 상태와 반 분위기에 맞춰서 적당한 간격을 찾아갑니다. 그 사이에도 '그'로 시작하는 표현을(137쪽 참고) 활용해 계속 칭찬합니다.

③ 12월 이후

이 시기는 한 학년의 후반에 해당합니다. 일 년간 칭찬하기를 잘 실천했다면, 아이가 바람직한 행동과 기술을 어느 정도 배웠을 겁니다. 그러면 상황을 잘 살피면서 초반 대비 20% 정도로 칭찬 횟수를 줄입니다.

제 4 장

집착하는 아이와
마주하는 법

가장 먼저 아이의 마음에 공감해주세요

이번 만화에서 예로 든 '집착행동'은 발달장애 아이들이 많이 보이는 특성 중 하나입니다.

- 물건에 대한 집착(봉제 인형이나 그림책 같은 특정 물건을 항상 옆에 두려 한다)
- 행동에 대한 집착(항상 같은 길로만 다니려고 한다)
- 현상에 대한 집착(게임 결과에 집착한다)

집착하는 대상은 아이에 따라 가지각색입니다. 그런데 도대체 왜 집착하는 걸까요?

항상 같은 인형을 안고 있는 아이

이 길로 갈 거야!

이쪽 길이 지름길 인데…

항상 같은 길로 다니고 싶어 하는 아이

하던 일을 끝낼 때까지 꿈쩍도 하지 않는 아이

아이가 무언가에 집착할 때는 어떻게 대응해야 할까요?

이유는 다양합니다. 감각과민(40쪽 참고) 증상 때문일 수도 있고, 마음을 불편하게 하는 특정 요소 때문에 어쩔 수 없이 같은 행동을 반복할 수도 있습니다.

다만 원인이 무엇이든 아이가 집착행동을 하는 이유는 기본적으로 스스로 안정을 찾기 위해서입니다. 똑같은 행동을 하면 무슨 일이 일어날지 예상할 수 있어서 마음을 놓을 수 있기 때문이죠.

어른들은 무언가에 집착하는 아이를 보면 답답한 마음에 화를 내기도 합니다. "이제 그만해", "지금은 ○○할 시간이잖아"라고 아이를 말려 보지만, 그렇다고 즉각 행동을 멈추는 아이는 없을 겁니다.

그러니 말리기 전에 먼저 공감부터 해주세요. 아무리 주변에 피해를 주는 행동이라도 우선은 하고 싶어 하는 아이의 마음에 공감해주는 것이 원칙입니다.

저는 아이가 집착행동을 보이면 가장 먼저 "그게 하고 싶었구나"라고 공감하는 말부터 건넵니다. 대응의 첫 번째 단계는 공감입니다.

억지로 말리지 말고 기다려 주세요

특정 행동을 하다가 멈추고 다른 행동을 하는 일을 행동의 전환 (Shift)이라고 합니다. 그런데 발달장애가 있는 아이는 무언가에 집착하기 시작하면 좀처럼 행동을 전환하지 못하기도 합니다. 이때 어른이 개입해서 아이의 행동을 억지로 바꾸려고 했다가는, 뒤에 나오는 만화에서처럼 더 수습하기 어려운 상황으로 번질 수도 있습니다.

아이의 관점에서 보면 자기는 언제까지 또는 얼마만큼 하고 싶은지 정해놓고 열심히 몰두하고 있는데, 갑자기 어른이 끼어드니 혼란스러울 만도 합니다.

그러니 아이가 집착행동을 보이면 억지로 개입하기보다는 일단 행동을 마칠 때까지 기다려 주세요. 어른이 먼저 아이의 집착적 기질

억지로 막으면…

아이의 행동을 바꾸는 일은 쉽지 않습니다. 어떻게 하면 좋을까요?

을 이해해주면 아이가 화를 낼 일도 없습니다.

어떻게든 못 하게 해야 한다거나 버릇없이 구는 행동은 봐주면 안 된다고 생각하는 사람도 있겠지만, 집착행동은 뇌의 특성 때문에 나타나는 현상입니다. 어른이 개입한다고 해서 고칠 수 있는 문제가 아닙니다.

집착적 기질은 자라면서 자연스럽게 완화되기도 합니다. 그러니 우선은 기다려 주세요.

이러다 아이가 평생 집착행동을 고치지 못하면 어쩌나 걱정되시겠지만, 안심하세요. 어떤 집착행동이든 시간이 지나면 일단락되는 시기가 찾아오고 언젠가는 끝을 맺습니다. 오히려 어느 정도 일단락될 때까지 기다려 주어야 더 쉽게 행동을 전환할 수 있답니다.

호흡을 관찰하며 기회를 노려야 합니다

일상생활을 하다 보면 시간에 제한이 있을 때가 많습니다. 예를 들어 학교에는 수업 시간과 쉬는 시간이 있죠. 대부분 수업 시간은 45분, 쉬는 시간은 5분이나 10분 정도로 정해져 있습니다.

만약 시간 제한이 있어서 어른이 개입해 발달장애 아이의 행동을 전환(Shift)시켜야 하는 상황이라면 이때는 말을 건넬 타이밍을 잡는 것이 중요합니다.

저는 다음과 같은 방식으로 개입할 타이밍을 찾습니다.

우선 집착행동을 하는 아이를 차분하게 지켜봅니다.

<u>그러면 어느 순간 움직임이 멈추고 뒤에 나오는 만화에서처럼 "휴우"하고 숨을 내쉴 때가 있습니다. 이때가 기회입니다.</u>

개입해야 한다면 아이의 행동이 어느 정도 일단락됐을 때 해주세요.

기회를 놓치지 않고 다가가서 아이에게 "다 했니?", "집중하고 있었구나"라며 공감하는 말을 건넵니다. 아이의 마음에 공감해주면 아이가 갑자기 당황하는 일을 막을 수 있고, 동시에 어른에 대한 신뢰도 유지할 수 있습니다.

그 후에 행동전환을 유도하는 말을 건네면, 상당히 높은 확률로 아이의 행동을 바꿀 수 있습니다. 지금부터 어떤 말을 건네면 좋은지 구체적으로 살펴봅시다.

아이와 함께 '끝'을 정해보세요

아이가 바라는 대로 행동하지 않으면 어른은 제 마음대로 '끝'을 정하고 아이에게 강요하곤 합니다. 하지만 적어도 저는 그런 방식으로 원만하게 행동전환에 성공한 사례를 본 적이 없습니다.

집착행동을 언제 끝낼지는 아이가 스스로 정할 수 있게끔 해야 합니다.

앞서 설명했듯이 아이가 한숨 돌리면서 집착행동에 몰두해 있던 의식에 틈이 생겼을 때, 그때 먼저 아이의 마음에 공감해주고 그다음에 물어보세요.

"앞으로 몇 분이면 끝날까?"

"몇 분 후면 마칠 수 있을까?"

끝낼 시간을 아이가 스스로 정하게 해야 합니다.

스스로 정하게 했을 때 아이가 결정하기 힘들어하면 그때 제안해 주세요.

"앞으로 5분이면 될까?"

아이가 "5분이면 끝나"라거나 "응"이라고 동의하는 의사를 표현하면 성공입니다. 자신이 한 약속이니 반드시 지킬 겁니다.

어른이 마음대로 정한 규칙을 이해할 수 없어서 따르지 못하는 아이도 있습니다. 또는 어른이 정한 규칙이 너무 어려워서 지킬 수 없는 경우도 종종 발생합니다. 하지만 규칙을 자기가 직접 정하면 아이도 꼭 지키려고 노력합니다. 그러니 '끝'은 아이가 직접 정할 수 있도록 배려해주세요.

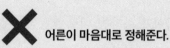

행동을 끝낼 시점은 아이가 정하도록 해주세요.

알람 기능이 있는 손목시계를 선물해보세요

아이들은 놀다 보면 흥이 올라 계속 놀고 싶어 하기 마련입니다. 그래서 저는 아이들이 시간에 맞춰서 교실로 돌아올 수 있도록 한 가지 아이디어를 냈습니다.

① 알람 기능이 있는 저렴한 손목시계를 필요한 만큼 구매한다.

② 알람을 설정한 다음 아이들에게 나누어 준다.

③ 아이들이 놀러 나가기 전에 "시계에서 삐삐하고 소리가 나면 교실로 돌아오는 거야"라고 주지시킨다.

효과는 탁월했습니다. 시계를 나눠준 후에는 조금 늦게 돌아오는

아이는 있었지만, 계속 운동장에 남아서 놀려고 하는 아이는 없었
습니다. 아이에게 시계가 필요하다는 사실을 깨달은 경험이었죠.

시계 아이디어는 가정에서도 유용하게 활용할 수 있습니다. 아이
에게 건네줄 시계 하나만 있으면 되는 손쉬운 방법입니다. 아이가 핸
드폰이나 스마트폰을 사용한다면 해당 기기에 설치된 기능을 사용
해도 괜찮습니다.

그리고 이미 아시겠지만 한 번 더 강조하자면, 아이가 스스로 정한
규칙에 따라 행동을 전환했을 때는 약속을 지킨 행동에 관해 반드
시 칭찬해주세요.

참고로 행동전환을 유도하는 도구는 시계 외에도 다양하니, 주변
에서 찾아보시길 바랍니다.

전환 포인트를
가르쳐주세요

집착 기질이 강하고 행동전환을 어려워하는 아이에게는 일과별로
'전환 포인트' 알기 쉽게 설명해주어야 합니다. 언제 지금 하는 행동
을 멈추고 다른 행동을 해야 하는지 머릿속에 그려지면 아이도 안심
하고 생활할 수 있습니다.

저는 학교에서 주로 다음 세 가지 방법을 사용합니다.

① 일과가 나누어진다는 사실을 명확하게 가르쳐준다

사실 1학년이 되어도 '내일'과 '모레'의 개념을 정확하게 이해하지 못

하는 아이가 있습니다. 시간은 하나로 이어져 있어서 나눌 수 없다고 생각하는 모양입니다. 하지만 그 상태로는 그때그때 상황에 맞춰 행동을 전환하기 어렵습니다.

이때는 우선 벽에 일정표를 붙이고 현재는 어느 부분에 해당하는지 가르쳐줍니다. 학교 수업이라면 "지금은 국어 시간이야", "다음 시간은 수학이다"라는 식으로 그때그때 다음에 해야 할 행동을 알려주기만 해도 어느 정도 효과를 볼 수 있습니다.

② 일과가 끝나는 시간을 가르쳐준다

일과를 내용으로 구분하기 어려울 때는 눈에 보이는 형태로 시간을 알려주는 방법이 있습니다. 타이머나 모래시계 같은 도구를 사용해서 현재 하는 일이 언제 끝나는지 시각적으로 보여주면 아이가 쉽게 이해할 수 있습니다.

③ 방금 한 활동과 전혀 다른 활동을 한다

행동을 전환할 시점에 방금까지 하던 행동과 전혀 다른 형태의 활동을 사이에 끼워 넣으면, 조금 더 수월하게 행동을 전환할 수 있습니다.

예를 들어 국어 시간에 받아쓰기를 했을 때 받아쓰기를 마치고 바로 이어서 교과서 내용을 설명하면, 이때는 아이들이 잘 따라오지 못합니다.

　하지만 받아쓰기를 한 후에 모두 일어서서 큰 소리로 읽도록 하면 어떨까요? 움직임과 발성, 즉 방금까지 하던 행동과 다른 형태의 활동을 하게 하는 겁니다. 그 후에 설명하면 아이들이 쉽게 집중할 수 있습니다.

OK와 NG의 기준을 정해주세요

다음에 나오는 만화에서 소개한 사례는 실제로 있었던 일입니다. 만화에 나오는 것처럼 아이가 책받침으로 장난을 치면서 시끄러운 소리를 낼 때, 다시 말해 아이가 주변에 피해를 주는 행동에 집착하면 어떻게 말려야 할까요?

책받침 장난을 좋아하는 만화 속 아이를 민주라고 합시다. 이 상황에서 시끄러우니 그만하라고 꾸짖으면 민주는 당황해서 공황 상태에 빠지거나 꾸짖은 어른에게 반발할 가능성이 있습니다. 어느 쪽이든 스스로 깨닫고 장난을 멈추게 할 수는 없습니다. 따라서 아이를 꾸짖기 전에 자기 행동이 주변에 어떤 영향을 끼치는지 스스로 깨닫게 해주어야 합니다. 다음 순서대로 해봅시다.

책받침으로 장난치는 아이

① 집착하는 아이의 성향을 인정해준다

아무리 기묘해 보이는 행동이라도 아이에게는 마음을 안정시키는 행동입니다.

아이의 마음을 편안하게 해준다는 장점을 염두에 두고, 일단 마음을 차분하게 가라앉혀주세요. 어른이 먼저 마음으로 아이의 행동을 받아들이고 난 후에 아이에게 다가갑니다.

"아~, 책받침을 만지고 싶었구나? 그래, 선생님도 그 기분 알아."

다정한 말로 아이의 마음에 공감해주세요. 그러면 아이(민주)도 당황하지 않고 다음 말에 귀 기울일 겁니다.

② 주변 사람들이 자신의 행동을 어떻게 보는지 알려준다

민주는 수업 중에 책받침으로 장난을 치며 시끄러운 소리를 냈습니다. 다만 민주는 그 소리가 다른 아이들에게도 들린다는 사실을 인지하지 못했을 겁니다.

이때는 민주의 행동을 똑같이 흉내 내서 책받침으로 소리를 내고, 민주에게 어떻게 들리는지 물어보세요. 그 후에 가르쳐줍니다.

"민주가 내는 이 소리를 싫어하는 친구들이 있어."

스스로 느끼게 한 후에 주변에서 어떻게 생각하는지를 차분하게 가르쳐주는 것이 중요합니다.

③ 집착행동에 대한 OK와 NG의 기준을 정한다

그다음에는 책받침을 만지는 집착행동에 관해 아이에게 어디까지는 해도 되고(OK), 어디서부터는 하면 안 되는지(NG)의 기준을 가르쳐 주세요. 이번 사례에서는 주변 사람들에게 피해를 주는 요소가 소리였으니 기준을 다음과 같이 정할 수 있습니다.

- 책받침을 만지는 행동 자체는 OK!
- 만지면서 소리를 내면 NG!

기준이 세워졌으면 아이에게 설명해주세요.
"책받침을 만지는 건 괜찮아. 그런데 너도 알겠지만 소리가 나면 주변에 있는 사람들이 시끄럽다고 생각할 수 있어. 그러니까 수업 중에 책받침을 만져서 소리를 내는 장난은 하지 말자."
기준을 확실하게 설명해주면 아이도 상대의 생각을 이해합니다.

④ 대신할 수 있는 행동을 가르쳐준다

마지막으로 주변에 피해를 주지 않으면서 민주도 만족할 수 있는 '책받침 놀이'가 없을지 같이 생각해봅니다. 민주와 함께 이야기해서 정해도 좋고, 본인이 방법을 찾지 못할 때는 어른이 책받침으로 할 수 있는 놀이 몇 가지 보여주고 고르게 해도 괜찮습니다.

이때 어른이 규칙을 정해서 일방적으로 강요하지 않는 것이 핵심입니다. 발달장애 아이들은 무언가를 억지로 하게 하면 심리적으로 매우 불안정 상태가 될 수 있으니 조심해주세요.

카드를 활용해서
아이를 도와주세요

앞에서 등장했던 민주의 사례처럼 집착행동 대신에 할 행동을 아이와 함께 생각하거나 어른이 제안하는 일은 비교적 자주 있는 일입니다.

다만 같이 이야기해서 정했는데도 바로 행동을 바꾸지 못하거나, 대신 무슨 행동을 하기로 했는지 잊어버리는 일도 종종 일어납니다.

그런 일에 대비해서 다음에 나오는 예시처럼 카드를 준비해두면 도움이 됩니다. 컴퓨터로 쉽게 만들 수 있고 코팅을 해두면 오래 쓸 수도 있습니다. 만들기 번거롭다면 시중에서 파는 제품을 사서 사용해도 괜찮습니다.

카드를 가지고 다니다가 아이가 바람직하지 않은 행동을 하려 하거나 실제로 했을 때 꺼내서 보여주세요. 카드를 보기만 해도 아이가 대신 하기로 했던 행동을 떠올릴 겁니다.

발달장애 아이 중에는 듣기를 어려워하는 아이가 있습니다. 음성 정보를 제대로 받아들이지 못하는 아이는 카드와 같은 시각 정보를 활용하면 대부분 더 쉽게 이해합니다.

또한 일상생활을 하다 보면 의외로 말을 걸기 어려운 상황이 많은데, 이때도 미리 카드를 준비해두면 굳이 말로 하지 않아도 생각을 전할 수 있습니다.

마지막으로 시각적 도움을 받고 아이가 행동전환에 성공한다면, 이때도 잊지 말고 꼭 칭찬해주세요.

칭찬 카드(135쪽 참고)와 함께 준비해두시길 추천합니다.

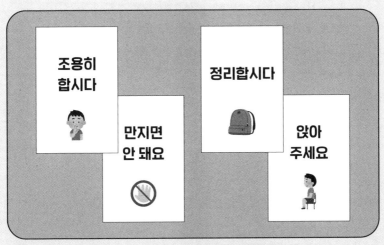

구체적인 행동을 유도하기 위한 카드의 예시로, 간단한 그림을 사용해 손쉽게 만들 수 있다.

결정은 아이와 함께!

아이에게 무언가를 가르쳐주거나 지시를 내리고 싶을 때는 "다음에는 ○○를 하자", "××를 해라", "지금부터 △분 안에 끝내"와 같은 식으로 어른이 결정하고 아이에게 일방적으로 강요해서는 안 됩니다. 발달장애가 있는 아이에게는 반드시 어떻게 하면 좋을지, 뭘 할 수 있을지를 물어보고 스스로 생각할 수 있도록 해주세요. 아이가 좀처럼 의견을 내지 못하면 그때 "○○를 해보면 어떨까?"라고 제안하면 됩니다.

왜 이런 번거로운 과정을 거쳐야 할까요? 조금이라도 아이가 스스로 생각하고 결정해야 그만큼 실천하기도 편하기 때문입니다.

그리고 또 한 가지, 아이에게 '상대와 의견을 나누는 경험'을 쌓아줘야 한다는 이유도 있습니다. 함께 해결책을 찾아가는 과정에서 아이는 '타인에 대한 양보와 타협'을 배울 수 있습니다. 어른 역시 추후 아이와 충돌이 생겼을 때 어느 정도에서 타협해야 하는지 직감적으로 알게 될 겁니다. 함께 의논하다 보면 어른과 아이 모두 중요한 깨달음을 얻을 수 있습니다. 귀찮다고 생각하지 말고 꼭 실천해보시길 바랍니다.

제 5 장

눈에 띄는 행동을
예방하고
해결하는 방법

"쉬-잇" 한 번으로
해결할 수 있어요

대중교통을 이용할 때나 수업 중에, 병원에서 차례를 기다릴 때, 관혼상제와 같은 예식에 참석했을 때 등, 살다 보면 의외로 정숙해야 할 장소나 순간이 꽤 많습니다.

하지만 그때마다 아이가 조용히 있어 준다는 보장은 없죠. 주변 분위기를 파악하지 못하고 시끄럽게 떠드는 아이는 물론, 목소리 크기를 조절하지 못해서 우렁차게 말하는 아이도 있습니다.

어른이 아이 못지않게 목소리를 높여서 무섭게 주의를 주기도 하지만, 사실 그다지 효과는 없습니다. 효과는커녕 오히려 다음 만화에서처럼 주의를 주는 어른이 더 따가운 눈총을 받기도 합니다.

아이를 조용히 시켜야 한다면 이렇게 해보세요.

목소리를 조절하는 건 힘듭니다

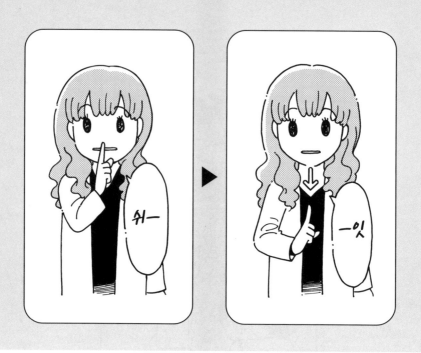

집게손가락을 입술에 대고 무성음으로 "쉬-잇", 한 번이면 됩니다. 뒤로 갈수록 목소리를 점점 낮추면서 소리에 맞춰 손을 아래로 내려주세요. 손을 아래로 내리는 행동을 통해 목소리를 낮춘다는 개념을 아이에게 시각적으로 전달할 수 있습니다. 해외에서도 많이 쓰는 방법이고 생각보다 효과가 좋은 편이니 활용해보시길 바랍니다.

어른이 함께
정리해주세요

아이에게 정리·정돈하는 방법을 어떻게 가르쳐야 할지를 고민하는 보호자들이 많습니다. 저는 함께 정리하기가 가장 효과적인 해결책이라고 생각합니다.

아이의 방이나 책상 주변이 어질러져 있다면 정리하는 방법을 가르쳐주면서 함께 정리해주세요. 아이에게 모범을 보여주는 겁니다. 아이는 옆에서 보기만 하고 정리는 전부 어른이 하는 상황이라도 괜찮습니다. 함께 정리하면서 꾸준히 모범을 보여주는 방법이 아이의 성장을 돕는 가장 올바른 길입니다.

"어른이 다 해주는데 어떻게 아이가 성장하나요?"

이렇게 이의를 제기하는 사람도 있지만, 그렇지 않습니다. 정리하

변화는 갑자기 찾아온다

기를 꾸준히 도와주다 보면 어느 날 갑자기 아이가 혼자서 정리하기 시작할 겁니다. 만화에 등장한 사례는 제가 실제로 경험했던 일입니다. 당시 아이가 혼자 정리하는 모습을 본 순간, 저도 깜짝 놀라서 조금 이상한 칭찬을 했답니다.

"정리·정돈이라는 말을 기억하고 있었구나. 잘했다!"

어른은 아이에게 정리하는 법을 한번 가르쳐주고 나면, 그다음부터는 전에 해보지 않았느냐고 핀잔을 줍니다. 하지만 발달장애 아이들은 기술이 몸에 익을 때까지 어느 정도 시간이 필요합니다.

책상이 어질러져 있다면 몇 번이고 함께 정리해주세요. 끈기를 가지고 아이를 돕는 방법이야말로 가장 확실한 해결책입니다.

내적 언어 발달 훈련이 필요합니다

글자나 음성으로 표현하지 않고 마음속으로 혼자 하는 말을 내적 <u>언어</u>라고 합니다.

발달장애가 있는 저학년 아이 중에는 내적 언어 발달이 부족한 아이가 종종 있습니다. 이런 아이는 그림에 등장한 아이처럼 머릿속에 떠오른 생각을 그대로 소리 내어 말해버립니다.

하지만 내적 언어를 속으로만 생각하지 않고 매번 소리 내서 말해버리면 대화를 원활히 진행할 수 없고, 학교 수업에도 방해가 됩니다. 다양한 문제를 일으킬 수 있죠. 이번에는 내적 언어 발달을 돕기 위해 제가 실천했던 방법 몇 가지를 살펴봅시다.

① 메모 작전

머리에 떠오른 말을 소리 내 말하는 대신 종이에 적게 하는 방법입니다. 저는 학교에서 수업을 시작하기 전에 아이에게 두꺼운 메모장을 건네주었습니다.

"하고 싶은 말이 있으면 이 메모장에 써 두렴. 나중에 선생님이 읽어 볼게."

아이는 수업 중에 '이게 뭐야?'라는 생각이 떠오를 때마다 메모장에 적었습니다. 수업이 끝나고 말해도 되는 시간이 되면 저는 아이와

어른

아이

발달장애 아이는 생각만으로 끝내지 못할 때가 있어요

함께 메모를 읽었습니다.

이 과정에서 아이는 자기 생각이 어떻게 소리로 바뀌는지 깨닫게 되고, 동시에 내적 언어도 발달합니다.

② 반복 작전

음성으로 표현한 언어를 내적 언어로 바꾸는 연습입니다. 예를 들어 아이가 "아, 그렇구나"라는 혼잣말을 자주 한다면, 우선 그 말을 다섯 번 소리 내서 말해보도록 합니다.

아이가 소리 내서 말하고 나면 그다음에는 같은 말을 마음속으로 다섯 번 말해보도록 합니다. 손가락을 하나씩 접어가면서 속으로 '아, 그렇구나'를 다섯 번 말해보게 합니다. 처음에는 어려워할 수도 있지만 여러 번 반복하면 내적 언어 발달에 도움이 됩니다.

③ 앱 활용 작전

제가 특수학급을 맡았을 때 시도했던 재밌는 방법도 있습니다.

수업 전에 미리 컴퓨터의 음성 변환 소프트웨어(또는 음성을 글자로 자동 변환해주는 애플리케이션)를 켜놓습니다. 그 상태로 수업을 진행하면 내적 언어가 발달하지 않은 아이가 무심코 내뱉는 "저게 뭐야?"와 같은 불규칙한 말들이 그대로 모니터에 나타납니다. 일단은 신경 쓰지 않고 수업을 계속 진행합니다. 수업이 끝나고 나면 아이와 함께 화면을 보면서 속으로 해야 했던 말들을 하나하나 찾아서 표시합니다.

속으로 해야 했던 말들을 시각적으로 확인시킨 다음에 아이에게 가르쳐줍니다.

"이 말들은 속으로 생각하면 돼."

이 또한 꾸준히 반복하다 보면 내적 언어 발달에 도움이 되는 방법입니다.

함께 해결책을
고민해주세요

발달장애가 있는 아이는 때때로 심하게 불안해할 때가 있습니다. 이때 어른은 만화에서 X의 경우처럼 괜찮다고 달래면서 아이를 안심시키려고 하지만, 사실 바람직하지 못한 대응입니다. 아이는 어른이 아무것도 해주지 않는다, 자기 이야기를 제대로 들어주지 않는다고 생각하고 더 불안해할 뿐입니다.

우선은 왜 불안한지 아이의 이야기를 들어주고 공감하는 모습을 보여주세요.

어쩌면 아이는 어른이 자기 이야기에 귀 기울여 주기만을 바랐을 수도 있습니다. 물론 현실적인 해결책을 찾기를 원할 수도 있지만, 어느 쪽이든 일단은 아이의 이야기를 들어줘야 합니다. 그다음 함께 해결책을 고민해주세요.

"어떻게 하면 불안하지 않을까?"

"마음을 차분하게 가라앉힐 수 있는 시간을 가지면 불안이 좀 사라질까?"

"불안한 마음을 가라앉히려면 어떻게 해야 할까?"

이때 어른이 일방적으로 해결책을 제시해주지 말고 아이와 함께 의논해서 해결책을 찾는다는 마음가짐이 중요합니다. 이 과정을 통해 아이는 스스로 불안의 해결책을 찾는 힘을 키워갑니다.

또한 함께 의논해서 찾은 방법으로 불안을 해소하면 이때의 성공 경험이 아이의 자존감을 높여주는 원동력이 됩니다. 그러니 번거롭다 생각하지 말고 아이의 불안과 제대로 마주해보세요.

○ 아이와 함께 고민하기

어떻게 하면 덜 불안할 수 있을까?

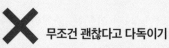

✕ 무조건 괜찮다고 다독이기

괜찮아!

괜찮다는 말만으로는 아이가 안심하지 못해요!

다가가서 먼저 말을 건네주세요

불안하고 불쾌한 마음을 말로 표현하지 못하는 아이도 생각보다 많습니다. 이런 아이는 불쾌한 기분을 마음속에 담아두고, 스트레스를 쌓고 쌓다가 어느 순간 갑자기 공황 상태에 빠지기도 합니다.

발달장애가 있는 아이는 다음 만화 속 사례처럼 예전에 있었던 안 좋은 기억을 생생하게 떠올리고 갑자기 짜증을 낼 때도 있으니 더욱 세심한 주의가 필요합니다. 참고로 이런 현상을 플래시백(Flash back)이라고 합니다.

아이가 공황 상태에 빠졌을 때 대처하는 방법은 7장에서 자세히 살펴보기로 하고, 여기서는 대처법에 앞서 더 중요한 예방법을 살펴보도록 합시다.

아이가 불안하고 불쾌한 기분을 말로 표현하지 못한다면 대신 아이가 보내는 작은 신호를 놓치지 않고 파악해서 아이의 기분을 천천히 풀어주어야 합니다. 그렇다면 아이가 보내는 작은 신호란 무엇일까요?

- 왠지 표정이 시무룩하네.
- 어쩐지 이상하게 굳어있는 것 같은데?
- 순간적으로 움직임이 멈췄어. 왜 그러지?

이런 느낌을 받았다면 그것이 신호입니다. 신호가 보이면 조용히 아이에게 다가가 주세요. 그리고 먼저 말을 건네주세요.

184쪽 만화 속 어른은 아이가 자기감정이나 기분을 말로 표현하도록(표출) 돕고 있습니다.

말을 걸어도 고개만 살짝 끄덕일 뿐 대답하지 않을 수도 있지만 어른이 자기 마음이 어떤지 알아주었다는 사실만으로도 아이는 분명 안도감을 느꼈을 겁니다. 이 정도면 충분합니다. 이때 아이가 반응을 보이면 반드시 칭찬해주세요.

"그랬구나. 말해줘서 고마워."

흐름을 정리하자면 다음과 같습니다.

① 아이가 보내는 위험 신호를 알아차린다.
② 다가가서 기분이 좋지 않은지를 묻는다.
③ 아이가 기분이 좋지 않거나 불안하다는 마음을 표출한다.
④ 아이가 어른이 자신의 마음을 알아주었다고 느끼고 안심한다.

이와 같은 일련의 과정은 아이에게 성공 경험이 됩니다.

'불안할 때는 말하면 되는구나!'

'싫다고 말해도 괜찮구나.'

스스로 깨달으면 다음번에는 먼저 싫다고 말해야겠다고 생각할 겁니다.

불안한 마음을 말하지 못하는 아이 중에는 싫다고 말해도 되는지 확신하기 전까지 불안을 표출하지 못하는 아이도 있습니다. 그러니 어른이 먼저 알아주고, 감정을 표출할 수 있도록 도와주세요.

차례를 지켜야 하는 이유부터 설명해주세요

아이들은 대부분 자기 차례를 기다리지 못합니다. 당연히 차례를 지키도록 가르쳐주어야 하지만, 단순히 "차례를 지켜라!"라고 호통만 쳐서는 아무 소용이 없습니다. 발달장애가 있는 아이 중에는 애당초 '차례를 지켜야 한다'라는 개념 자체를 이해하지 못하는 아이도 있습니다. 그런 아이는 아무리 꾸짖어도 받아들이지 못합니다.

다음 만화의 사례를 통해서 우진이라는 남자아이가 자기 차례를 지키지 않고 그네를 타려고 할 때 선생님이 어떻게 도와주는지 살펴봅시다. 핵심은 차분한 목소리로 아이를 불러서 그네를 탈 때는 '차례가 있다'라는 점과 '몇 번째로 탈 수 있는지'를 천천히 설명해줘야 한다는 점입니다.

차례를 지키지 않는 아이는 대부분 이미 약간 흥분한 상태일 수 있다는 점을 염두에 둔다.

우선 아이가 더 흥분하지 않도록 웃으면서 차분한 목소리로 아이를 부른다.

아이가 미리 알 수 있도록 자신이 몇 번째인 누구 뒤에 탈 수 있는지 구체적으로 가르쳐준다.

차례를 지켜야 한다는 사실을 분명하게 주지시킨다. 이때 다른 놀이로 바꿀지 선택하게 할 수도 있다.

만약 차례를 지키지 않은 아이가 과하게 흥분한 상태라면 기다리라고 말하는 대신, "차례를 기다릴까? 아이면 다른 놀이를 할래?"라고 선택하게 하는 편이 좋을 때도 있습니다. 상황에 따라서 대응해주세요.

기다리는 법을
그림으로 가르쳐주세요

차례를 지키지 않는 아이에게는 필요에 따라 기다리는 법을 가르쳐 줘야 할 수도 있습니다. 애초에 어떻게 해야 차례를 지킬 수 있는 건지 모르는 아이도 있기 때문입니다.

또한 발달장애 아이는 하고 싶다는 욕구가 너무 강하면, 제 앞에 줄을 서서 기다리는 사람들이 눈에 들어오지 않습니다. 따라서 순서를 지키려면 '맨 뒤에 서 있는 사람 뒤에 서야 한다'라고 알기 쉽게 설명해주어야 합니다.

앞에 등장했던 우진이에게 차례를 지켜서 그네를 타는 법을 가르쳐준다고 가정해봅시다. 먼저 '그네를 타려면 기다려야 한다'라는 설정을 시각적으로 표현한 그림을 준비해주세요. 다음에 나오는 그림은 예시입니다. 실제로는 더 단순하게 그려도 괜찮습니다. 그림을 준비했다면 191~192쪽에서 설명한 순서대로 아이에게 가르쳐줍니다.

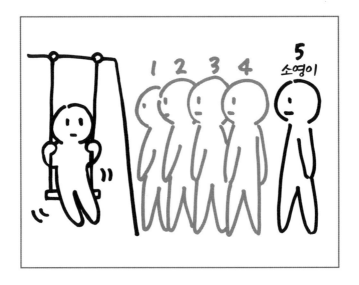

차례를 지키는 법을 가르칠 때 활용할 수 있는 그림 예시

여러 명이 그네를 타려고 기다리고 있는 상황을 표현하고 싶다면 위에 있는 예시처럼 간단한 그림을 준비한다. 이때 맨 뒤에 있는 사람은 다른 사람보다 조금 더 진하게 그리고 이름을 적어서 눈에 잘 들어오도록 한다. 그림을 이용하면 '맨 뒤'라는 개념을 쉽게 가르쳐줄 수 있다.

'된다', '안 된다'와 같이 확실한 표현을 사용해서 차례를 지키지 않는 일이 나쁜 일이라는 사실을 가르쳐준다.

차례를 지키려면 맨 뒤에 있는 사람을 찾아서 줄을 서야 한다는 개념을 가르쳐 준다.

그림을 활용해 시각적으로 가르쳐주면 아이가 쉽게 이해한다.

마지막으로 차분하게 기다릴 방법이 있을지 아이에게 물어보고, 아이에게 아이디어가 없다면 어른이 제안해준다.

게임을 통해서
지는 경험을 쌓아주세요

이번 만화에 등장한 사례도 실제 있었던 일입니다. 어떤 아이들은 무조건 이겨야 한다는 집착이 강해서 고작 가위바위보에서 지기만 해도 공황 상태에 빠질 때가 있습니다.

운동회 달리기 연습을 하다가 뛰는 도중에 다른 아이들과 차이가 벌어지고 자기가 3등이라는 확신이 들자마자, 큰 소리로 울어버리는 아이도 있습니다.

승부가 시작된 순간 아이의 머릿속에는 자기가 이겼을 때 모습만 그려집니다. 그러다 지면 예상해두었던 모습이 깨지면서 혼란스러워지는 모양입니다.

물론 단순히 지기 싫어하는 성격인 아이도 있지만, 어느 쪽이든 이지면 화가 나요!

겨야 한다는 집착이 강한 아이는 '지는 경험'을 쌓아서 지는 일에 익숙해지도록 해야 합니다.

저는 주로 게임을 활용합니다.

먼저 우노나 트럼프 같은 카드게임을 준비합니다. 아이와 함께 준비한 게임을 하면서 아이를 최대한 지기 직전까지 몰아붙입니다. 몰아붙일 수 있을 만큼 최대한 궁지에 몰아넣은 후에, 마지막에는 아이가 이기도록 해줍니다.

거의 질 뻔하다가 역전해서 이기는 상황을 몇 번이고 반복해서 경험하게 합니다. 끈기 있게 계속 반복하다 보면 '오늘은 내가 이겨도 괜찮겠다'라는 생각이 드는 순간이 있을 겁니다. 예를 들면 이런 순간입니다.

- 질 것 같으면 항상 표정이 일그러졌는데, 오늘은 그렇지 않다.
- 궁지로 몰아붙이면 항상 눈꼬리가 올라갔는데, 오늘은 비교적 차분하다.

이런 순간이 오면 망설이지 말고 과감하게 이겨주세요. 승패가 결정된 후에는 아이에게 졌을 때도 마음 편하게 생각하는 기술을 가르쳐줍니다.

"졌을 때는 '뭐, 지면 좀 어때'라고 말해 봐."

다음번에 다시 아이가 졌을 때 흥분하지 않고 "뭐, 지면 좀 어때"라고 말하면 "와~, 패배도 인정할 줄 아는구나! 져도 괜찮다고 말하다니, 정말 멋진데!"라고 칭찬해주세요.

　아이가 지는 상황을 자연스럽게 경험할 수 있도록 도와주시길 바랍니다.

어른의 도움이 가장 필요한 순간

아이의 사회생활을 생각하면 승부에 대한 집착은 상당히 심각히 고민해야 할 문제입니다.

　지면 화를 내거나 공황 상태에 빠지는 아이는 결국 친구들에게 따돌림당하게 됩니다. 다시 말해 인간관계를 형성하지 못할 수 있다는 뜻입니다.

　'고작 놀이'라고 가볍게 생각하지 마세요. 아이가 노는 모습을 유심히 지켜보고 도와주어야 합니다.

　제가 앞에서 설명한 방법을 번거롭다고 생각하시는 독자분들도 있을 겁니다. 하지만 학교에서 실제 적용해본 결과 반년에서 1년 정도면 효과가 나타나는 방법입니다. 학교에서는 한 아이만 따라다니며 신경 써 줄 수 없지만, 가정에서 보호자가 가르쳐준다면 아이에게 더 가깝게 다가갈 수 있는 만큼 성과도 더 빨리 나타나지 않을까요?

　단, 아이에게 지는 경험을 쌓아줄 때는 반드시 카드게임이나 보드게임처럼 다른 사람과 마주하고 진행하는 형식의 게임이어야 합니다.

　모니터를 보고 하는 게임(온라인 게임이나 비디오 게임)은 오히려 아이를 흥분시켜서 더 큰 공황 상태를 초래할 수 있습니다.

　　게다가 요즘은 동영상 공유 플랫폼을 이용해서 온라인 게임 공략법을 연구하는 아이들도 많습니다. 그만큼 이겨야 한다는 집착은 더 강해지고 졌을 때 받는 충격도 커서 더 큰 혼란에 빠질 수 있습니다. 반드시 상대와 얼굴을 마주 보고 할 수 있는 게임으로 골라주세요.

　　저는 개인적으로 앞에서 언급했던 우노나 할리갈리를 활용합니다.

사회적 참조 과정을 거쳐 갈 수 있게 도와주세요

발달장애가 있는 아이는 친구들 기분이나 주변 상황을 파악하고 분위기를 맞추는 일을 어려워합니다. 쉽게 말해 눈치가 없다고 할 수 있죠. 그러다 보니 만화 속 아이처럼 다른 친구들이 다음 시간을 준비하는데도 혼자 멀뚱히 앉아 있을 때가 있습니다. 만화 속 아이를 민혁이라고 합시다. 이때 어른은 민혁이에게 다른 아이들과 함께 급식 먹을 준비를 하라고 알려주기만 하면 될까요? 가르쳐주면 당장은 민혁이가 어른의 말에 따를 수도 있지만 결국 그때뿐일 겁니다.

가장 바람직한 상황은 민혁이가 주변 상황을 파악하고 스스로 행동에 나서는 겁니다. 이 상황에서는 민혁이가 옆에서 급식 먹을 준비를 하는 다른 아이에게 관심을 가지도록 유도하는 방법을 쓸 수 있

습니다.

"○○는 지금 뭐 하고 있지?"

"△△는 ~하고 있네."

근처에 있는 아이의 이름을 언급해서 시선을 돌리도록 유도해주세요. 그리고 마지막으로 물어봅니다.

"민혁이는 뭐 할래?"

이렇게 아이가 주변 상황을 보고 참고할 수 있게 도와주세요. 이 방법을 사회적 참조(Social referencing)라고 합니다. 사회적 참조 과정을 거치면서 아이는 주변 상황을 보고 상황에 맞춰 행동해야 할 때도 있다는 사실을 깨닫게 됩니다. 꾸준히 반복하다 보면 주변 상황을 살펴야 한다는 의식이 자리 잡게 될 겁니다. 아이가 바로 행동으로 옮기지 못하더라도 인내심을 가지고 도와주세요.

객관화 화법을 활용해보세요

"잔소리하지 마!"

"나도 알아!"

"알았으니까 그만 좀 해!"

어른이 주의를 주거나 가르쳐주려고 해도 아이가 제대로 듣지 않고 무조건 반항할 때가 있습니다. 심지어 뒤에 나오는 만화에 등장하는 아이처럼, 눈앞에서 버젓이 나쁜 행동을 하고도 하지 않았다고 우기는 아이도 있죠.

아이들이 반항적인 말과 행동을 하는 이유는 나쁜 짓을 한 사람이 자신이라는 사실을 인정하고 싶지 않다는 심리와 발달장애의 특성이 작용하기 때문입니다.

사례 자기 잘못을 인정하지 않는 아이

주의를 주어도 아이
가 받아들이지 않으면
어떻게 해야 할까요?

일단 아이가 어른의 말에 반항하기 시작하면 "이건 아주 중요한 문제야!", "다 보고 있었어!"라며 아무리 무섭게 화를 내도 소용이 없습니다. 이럴 때 아이가 어른의 말을 듣게 하려면 어떻게 해야 할까요? 좋은 방법이 하나 있습니다.

아이의 행동을 마치 다른 사람의 이야기인 것처럼 들려주는 <u>객관화 화법</u>(他人事メソッド, 원문은 '남의 일 방법'이라는 뜻으로, 일본에서 생겨난 개념이다. 이 책에서는 '객관화 화법'으로 번역했다-옮긴이)입니다.

예전에 옆자리 친구의 지우개를 가져간 아이를 지도한 적이 있습니다. 아이는 자신이 한 일을 인정하지 않고 심하게 흥분하는 모습을 보였습니다. 저는 일단 아이를 진정시키고 차분하게 이야기했습니다.

'같은 일을 겪었던 다른 아이의 이야기'였습니다. 이때 "내가 어렸을 때 있었던 일인데…"라며 과거의 이야기처럼 해도 좋고, 당연히 사실이 아니어도 상관없습니다.

중요한 건 <u>"너와는 상관없는 일일지도 모르지만…"이라는 말은 반드시 덧붙여야 합니다.</u>

다른 사람의 이야기라고 했더라도 아이는 듣는 사이에 '자기 이야기'라는 사실을 깨달을 테고, 또다시 반항심을 갖게 됩니다.

하지만 마지막에 "너와는 상관없는 일일지도 모르지만…"이라는 말을 덧붙이면, 그 순간 다른 사람의 일이라는 느낌이 강해지면서 순순히 받아들이게 되죠.

세미나에 강사로 참석해서 '객관화 화법'을 소개하면 매번 고개를

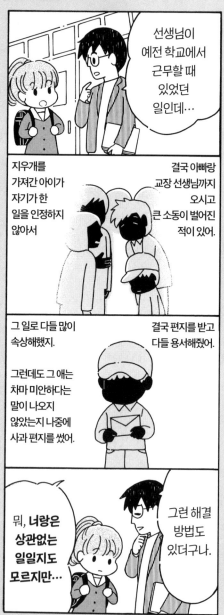

갸웃하면서 정말 효과가 있냐는 질문이 나오지만, 저는 '객관화 화법'만큼 효과가 좋은 방법은 없다고 단언합니다.

실제로 지우개를 가져갔던 아이도 제가 해준 이야기를 따라 하듯이 다음 날 편지를 써서 사과했습니다. 저는 지금까지 비슷한 사례를 수도 없이 보아 왔습니다.

※ '객관화 화법'은 아이가 폭력적인 행동을 할 때도 활용할 수 있습니다. 다른 응용 방법을 304쪽에 소개했으니 참고해주세요.

차분하게
질문을 던져보세요

어른이 아이와 티격태격하는 모습을 볼 때가 있습니다.

아이: "귀찮아 죽겠네!"

어른: "그런 말 하는 거 아니라고 했지!"

아이: "몰라! 바보!"

부모와 자식, 선생님과 학생 사이에서는 종종 이런 불필요한 언쟁이 끝도 없이 이어지곤 합니다. 이 책을 읽는 독자 중에도 분명 비슷한 경험을 하신 분이 계실 겁니다.

어른의 말이나 행동에 아이가 도발적이거나 부정적, 반항적인 말

과 행동으로 맞서는 반응을 반항(Counter)이라고 합니다.

아이가 반항적인 반응을 보이면 어른도 순간 욱하는 마음에 감정이 격해져서 "왜 그런 말을 하느냐!", "말투가 왜 그러냐!"라고 쏘아붙이고 싶어지기 마련입니다.

하지만 이때 어른이 똑같이 되받아치면 그 말이 새로운 자극이 되고, 아이의 반항심을 더욱 부추기게 됩니다. 결국 원래 하려고 했던 말은 하지도 못하고 쓸데없는 말다툼만 이어집니다.

서로 반항으로 응수하는 악순환에 빠지지 않으려면 어떻게 해야 할까요?

저는 이럴 때 '질문하기', 다시 말해 왜 그러는지, 어떻게 하면 좋을지를 묻는 방법을 추천합니다. 예를 들어 아이가 험한 말을 내뱉었다고 합시다. 이때 어른이 "왜 그렇게 말해!", "하지 마!"라고 날카롭게 반응하면 아이가 반항으로 맞설 수 있습니다. 그러니 침착하게 물어보세요.

"왜 그래? 무슨 일 있니?"

차분하게 물어보면 반항심이 일지 않습니다. 질문하기를 통해 반항심을 예방하는 방법을 반항의 통제(Counter control)라고 합니다. 그다음에도 계속 질문을 이어가며 대화하면 서로 반항으로 응수하는 악순환을 막을 수 있습니다.

"기분이 **얼마나** 안 좋아?"

"**어떤** 기분인데?"

"**어떻게** 하면 기분이 나아질까?"

질문은 아이들끼리 다투었을 때도 효과적인 지도법으로 활용할 수 있어요!

차분하게 아이의 상태를 물어보면서 대화를 이어갑니다.

질문을 하면 대화의 화제를 '원인'과 '해결책'을 찾는 방향으로 이끌어 갈 수 있습니다. 실제로 왜 그러냐고 물으면 "선생님! 사실은요"라며 아이가 사정을 설명하기도 합니다.

질문은 상당한 도움을 주는 효과적인 방법입니다. 적극적으로 활용해보세요.

칭찬으로 의식의 흐름을 바꿔주세요

실제로 뒤에 나오는 만화 속 아이처럼 뜬금없이 폭언을 내뱉는 아이가 있었습니다. 왜 죽어버리라는 험한 말까지 하게 됐는지 원인은 지금도 모릅니다. 보통은 아이가 이런 행동을 하면 "그런 말은 하면 안 돼!"라며 꾸짖겠지만, 그랬다가는 자칫 서로 반항적인 말만 주고받다가(반항으로 응수하기) 더 큰 다툼이 벌어질 수도 있습니다.

그래서 저는 당시 일부러 긍정적 대답을 돌려주었습니다. 거친 말을 내뱉은 아이를 오히려 칭찬했죠.

"그런 말을 친구들이 아니라 선생님에게 한 건 잘했다."

생각지 못했던 반응이었는지 아이는 당황하며 눈만 끔뻑였습니다. 아이의 화가 순간적으로 사그라들었을 때, 그 순간이 기회입니다. 저

갑자기 폭언을 쏟아내는 아이

이런 상황에서 어른은 어떻게 행동해야 할까요?

는 바로 "왜 그러는지 선생님한테 말해줄래?"라고 물으면서 침착하게 대화를 이어갔습니다.

비슷한 방법 중에 장난으로 받아치는 방법도 있습니다.

예전에 수업만 시작하면 금세 "재미없어!"라고 투덜거리는, 집착 기질이 강한 아이를 담당한 적이 있었습니다. 어느 날 아이가 또 재미없다고 툴툴거리기에 저는 이렇게 대답했습니다.

"여기는 교실이니까 당연히 '잼'이 없지. '잼'은 슈퍼에 가서 찾아보렴."

똑같이 들리는 발음을 이용해서 농담으로 받아쳤는데, 그 농담은 재미있었는지 아이가 웃음을 터트렸습니다. 그 뒤로 기분이 나아져서 다시 차분하게 수업에 집중할 수 있었죠.

아이의 감정에 휘말리지만 않으면 어떤 방식으로든 침착하게 대응할 수 있을 겁니다.

120%의 법칙을
활용해보세요

215쪽 만화 속 아빠의 대응은 언뜻 전혀 문제없어 보이지만, 사실 부적절한 대응입니다. 어느 부분이 문제였는지 자세히 살펴봅시다.

① 결정권을 아이에게 주었다

일상생활을 하다 보면 '꼭 해야 할 일'도 있고, '쉽게 바꿀 수 없는 목표'도 있습니다. 대표적인 사례로 '일일 학습량'을 꼽을 수 있겠네요. 몸이 아파서 치료받거나 쉬어야 하는 특별한 사정이 있다면 모르겠지만, 일반적으로 학습량을 아이 기분에 따라 정해서는 안 됩니다.

늘 하고 싶은 만큼만 공부하다 보면 아이가 점점 공부를 게을리하
게 될 수도 있습니다.

따라서 꼭 해야 할 일이나 목표가 분명한 상황에서는 어른이 결정
권을 쥐고 있어야 합니다. 아이에게도 '이건 어른이 정하는 일'이라는
인식을 심어주세요.

② 어른이 아이의 요구를 받아들여 양보했다

아이가 울면서 연필을 집어 던지자, 아이의 요구를 들어준 것도 문제
입니다. 그 결과 아이는 울면서 거부하면 자신에게 결정권이 생긴다
고 착각하게 됩니다. 이후로는 원하는 일이 있을 때마다 울며 떼를
쓰고, 그러다 점차 공부에서 손을 놓아버리는 식으로 사태가 심각
해질 수 있습니다.

즉 만화 속 어른의 대응은 '학습량을 정하는 결정권이 자기에게
있다'라는 잘못된 정보를 아이에게 학습(26쪽 참고)하게 할 수 있기
때문에 적절치 못했습니다.

하지만 그럼에도 발달장애가 있으니 어쩔 수 없다며, 숙제량을 줄
여 주는 잘못된 방식으로 대응하는 선생님과 보호자가 여전히 많습
니다. 지금부터 소개하는 올바른 대응법을 반드시 명심해주세요.

만화 속 사례를 다시 떠올려 보면 포인트는 두 가지입니다.

120%의 법칙 활용

- 아이가 숙제량을 줄여달라고 요청했다.
- 아이 몸 상태가 좋지 않아서 숙제를 다 하기는 힘들어 보인다.

이때는 120%의 법칙을 활용하면 잘못된 학습을 막을 수 있습니다. 예를 들어 아이가 5문제만 풀겠다고 하면 어른은 일단 그보다 많은 8문제를 풀도록 요구합니다. 그 후에 아이의 반응을 보면서 요구 수준을 조금씩 낮춰가다가, 최종적으로는 아이가 원했던 수준보다 조금 많은 6문제를 풀도록 유도해가는 식입니다.

자기가 원했던 대로 문제 수가 줄어서 기분이 좋아진 아이는 상황을 받아들이고 문제 풀기에 집중하지만, 사실은 어른의 요구대로 움직였고 최종적으로 결정한 사람은 어른이기 때문에 아이가 착각할 일은 없습니다.

120%를 정확하게 계산할 필요는 없습니다. 최종적으로 원래 아이가 요구했던 수준에서 대략 20% 정도 높인 수준이면 됩니다. 그런 의미에서 120%의 법칙이라고 부릅니다. 217쪽 만화 속 상황 정도면 매우 바람직하겠네요.

스스로 할 행동을
선택하게 하세요

특수학교에서도 가끔 다음에 나오는 만화와 같은 일이 일어납니다. 이때 어른이 대신 해주는 행동은 올바른 대응이라고 할 수 없습니다. 아이가 '난동을 부리면 어른이 대신 해준다. 결정권은 나에게 있다'라는 잘못된 정보를 학습할 수 있기 때문입니다.

어찌 보면 사소한 일일 수도 있지만 만화와 같은 상황에서는 절대 아이에게 양보하면 안 됩니다. 의연하게 대응해주세요.

우선 아이가 진정할 때까지 기다려야 합니다. 짜증을 내면서 컵을 집어던진 아이에게 바로 컵을 치우라고 해봤자 말을 들을 리가 없습니다. 이때는 바람직한 행동을 가르쳐줄 수 없는 상태입니다. 저라면 이렇게 했을 겁니다.

대신 해주지 마세요!

아이가 마음을 가라앉힌 후에 바닥에 떨어진 컵을 줍습니다. 그다음 컵을 아이에게 보여주면서 선택지를 제시합니다.

"네가 직접 치울래? 아니면 선생님이 치울까? 네가 선택하렴."

어느 쪽을 선택할지는 아이의 의사에 달려있지만, 선택지를 제시하면 아이는 자기가 스스로 정리하는 상황도 생각해보게 됩니다.

핵심은 아이가 스스로 선택하게 한다는 점입니다. 컵을 치우라는 어른의 지시를 따르지 않는 아이라도, 스스로 선택하게 하면 어른이 결정권을 가진 상태를 유지하면서도 아이가 주도적으로 선택해서 바람직한 행동을 하도록 유도할 수 있습니다.

토막상식

불안을 안고 사는 아이들

최근 발달장애 여부와 상관없이 심리적으로 불안한 상태의 아이들이 늘고 있습니다. 부족한 경험을 비롯해 낮은 자신감, 가정 환경, 급변하는 사회 정세와 같이 영향을 미치는 요인도 다양합니다.

상황이 이렇다 보니 말로 가볍게 건네는 응원이나 격려만으로는 불안한 아이들의 마음을 달래줄 수 없습니다. 요즘 아이들에게 필요한 건 자신의 가치를 인정하고 긍정적으로 인식하는 감각, 즉 자존감입니다. 자존감은 어른과 대화하며 불안한 마음에 대처할 수 있는 방법을 찾는 간단한 성공 체험을 통해서도 키울 수 있습니다. 그런 의미에서 아이가 불안을 호소할 때야말로 아이의 성장을 도울 기회가 아닐까요?

불안을 호소하는 아이에게 해결책을 가르쳐주라는 말이 아닙니다. 작은 일에도 불안해하는 아이는 앞으로도 계속 불안감을 안고 살아가야 하지만, 언제까지나 어른이 옆에서 해결책을 가르쳐줄 수는 없습니다.

반드시 함께 '대화'를 나누고 해결책을 '의논'해서 스스로 답을 찾아낼 수 있도록 아이를 이끌어 주세요.

산만하고 부산한
우리 아이를 위해

가만히 있는 것이
고통스럽기 때문입니다

아이가 가만히 있지 못하고 계속 움직이는 데는 분명 이유가 있습니다. 알고 보면 특정 요인 때문에 고통을 느끼기 때문일 때가 많습니다. 다시 말해 아이는 고통에서 벗어나려 끊임없이 무언가를 하는 겁니다.

저는 교사라서 그런지 '아이의 산만한 행동'이라고 하면 가장 먼저 자리에서 일어나 돌아다니는 모습이 떠오릅니다. 4학년 이하 아이들을 가르치다 보면 수업 중에 자리에서 일어나 교실 안을 돌아다니는 아이를 심심치 않게 볼 수 있습니다. 원인은 대부분 높은 학습 강도 때문입니다. 수업 내용이 너무 어려워서 따라가지 못하다 보니, 힘들고 지루해서 가만히 있지 못하고 움직이는 겁니다. 그렇다면 기본적으로 다음과 같이 대응합니다.

① 아이 수준에 맞는 교재와 학습 과제를 준비한다

미로나 따라 그리기와 같이 아이의 학습 능력에 맞춰 이해하기 쉬운 교재를 준비합니다. 아이가 돌아다니지 않고 교재에 집중하면 칭찬을 해서 계속 앉아 있어야 한다는 생각을 심어주세요. 단, 이 방법은 선생님과 보호자의 협력이 필요합니다. 반드시 사전에 의논해서 함께 추진해주세요.

② 아이가 집중할 수 있는 내용을 집어넣는다

아이가 공부 자체를 거부하는 것이 아니라면, 수업 중에 아이가 관심을 보일 만한 내용을 다루는 방법도 있습니다. 또는 수업 중에 해당 아이에게만 먼저 힌트를 주는 것도 좋은 방법입니다.

　여기서는 수업 중에 돌아다니는 행동을 예로 들었지만, 그밖에 다른 산만한 행동을 보일 때도 혹시 지금 아이가 괴로워하고 있지는 않은지 주의 깊게 살펴봐주세요. 보호자나 선생님의 마음가짐이 무엇보다 중요합니다.

주변에서 받는 자극 때문일지도 모릅니다

발달장애가 있는 아이는 안절부절못하며 계속 움직이거나(과잉행동), 생각을 한 가지에 집중시키지 못할(주의력결핍) 때가 있습니다. 증상의 원인은 다양합니다. 다만 원인에 상관없이 대부분 오감에 관한 감각 자극을 조절해주면 흥분을 가라앉히고 차분해집니다. 그래서 이 책에서는 서로 다른 현상처럼 보이는 과잉행동과 주의력결핍을 함께 다루었습니다.

제가 실제 교육 현장에서 만났던 한 남자아이의 사례를 바탕으로 살펴봅시다. 교실 뒤쪽 자리에 앉아 있던 아이가 어느 날 수업 중에 일어나서 돌아다니다가 친구를 때렸습니다. 이유는 두 가지였습니다.

① 눈에 보이는 모든 것이 신경 쓰여서

아이는 수업 중에 누군가 손을 들거나 옆자리에 앉은 아이가 무심코 돌아보기만 해도 그 모습이 눈에 들어오면 신경이 쓰여서 집중할수 없었습니다. 아이의 말에 따르면 눈앞의 상황이 어수선하면 화가난다고 했습니다.

② 참을 수 없이 불안하고 초조해서

발달장애 아이는 시각을 통해 들어오는 자극이 과도하면 뇌가 포화상태에 이르러 불안하고 초조한 상태가 됩니다. 이 아이도 그러다 한계에 다다라 폭발하듯이 갑자기 자리에서 일어났고, 저도 모르게 옆에 있던 친구를 때렸던 겁니다.

아이가 일으킨 문제행동의 원인은 과도한 시각 자극 때문이었습니다. 저는 아이 자리를 교실 앞으로 옮겨 주었습니다. 앞자리라면 다른 아이들 모습이 보이지 않으니 시각 자극을 줄일 수 있습니다.

이런 식으로 감각 자극을 줄여 주어야 합니다. 다만 반대로 감각자극을 늘려주는 편이 효과적일 때도 있습니다. 뒤에서 더 자세히설명하겠지만, 어느 쪽이든 결국 핵심은 아이가 받는 자극의 양에있다는 사실을 잊지 마세요.

사물을 줄여서
주변 환경을 정비해주세요

발달장애가 있는 아이는 되도록 단순하고 변하지 않는 환경에서 지내야 합니다.

발달장애 아이들은 변화에 민감해서 작은 변화도 금세 알아차립니다. 그리고 변화를 깨닫는 순간 문제가 발생하죠.

일반적으로 학교 교실에는 선생님이 수업 도구를 보관하는 선반이 있는데, 실제로 선반 위에 있던 물건이 하나만 바뀌어도 왜 바뀌었는지 궁금해서 눈을 떼지 못하는 아이가 있습니다. 당연히 선생님 말씀이나 수업 내용에도 전혀 집중하지 못합니다.

집에서도 비슷한 일이 일어납니다. 다음에 나오는 그림 B처럼 집 벽에 이런저런 물건들이 걸려있고 장식품이 많으면, 아이의 주의가

공간을 A처럼 정리하고 되도록 물건의 위치를 바꾸지 마세요.

산만해질 수 있습니다. 앞에 언급했던 남자아이처럼 시각적 자극 때문에 뇌가 피로를 느껴서 짜증을 내기도 합니다.

따라서 아이가 지낼 집은 장식을 <u>최소한으로 줄여서 되도록 눈으로 들어오는 정보의 양을 줄여야 합니다.</u> 그래야 아이가 정신적으로 지치거나 안절부절못하며 초조해하는 일을 예방할 수 있습니다.

말할 기회를
만들어 주세요

"항상 몸 어딘가를 움직여요."

"금세 일어나서 돌아다녀요."

ADHD 경향이 있는 아이는 움직이고 싶다는 욕구가 강해서 스스로 제어하지 못합니다.

스스로 움직임을 멈출 수 없기 때문에 '주의력결핍 과잉행동 장애'라고 하는 겁니다. 그런데도 병이라는 사실을 깜박한 어른들은 가만히 좀 있으라고 무심코 화를 내곤 합니다. 하지만 아무리 무섭게 혼을 내도 소용없습니다. 움직이지 못하면 아이는 괴로워서 더 안절부절못할 뿐입니다. 그렇다면 어떻게 대처해야 할까요?

생각해봅시다. 솔직히 어른도 한 시간 동안 조금도 움직이지 않고 가만히 있기는 힘들 겁니다. 손가락이나 어깨, 발가락이라도 조금은 움직입니다. 어른도 그러한데 하물며 '과잉행동 장애'가 있는 아이가 움직이지 않고 가만히 있을 수 있을까요?

과잉행동을 보이는 아이에게는 움직임을 제한하지 말고 반대로 움직일 기회를 되도록 많이 만들어 주어야 합니다. 가장 쉽게는 소리 내 말하도록 하는 방법이 있습니다.

"아빠 따라서 말해보자."

"소리 내서 교과서를 읽어 보렴."

이 정도라면 어떨까요? 교실에서나 집에서 언제든지, 몇 번이고 실천 가능한 방법입니다.

합법적으로
움직일 수 있게 해주세요

통틀어서 '과잉행동'이라고 하지만, 사실 행동 양상은 나이에 따라서 점차 달라집니다. 저학년 때는 소리를 지르며 책상을 흔들고 일어나서 돌아다니는, 다시 말해 움직임이 크고 요란한 과잉행동을 하지만 학년이 올라갈수록 움직임이 작아지는 경향을 보입니다.

아이가 움직임이 크고 요란한 과잉행동을 한다면 기회를 만들어서 움직이고 싶어 하는 아이의 욕구를 채워주세요.

저는 아이들을 자리에서 일어나게 하는 방법을 자주 사용합니다. 수업 중에 교실에 있는 아이 모두를 자리에서 일어나게 했다가 다시 앉게 하는 간단한 동작만으로도 과잉행동을 막을 수 있습니다.

또는 아이들에게 문제를 내주고 "문제를 푼 사람은 선생님한테 와서 보여주세요"라고 말하기도 합니다. 자리에서 일어나 걸을 기회를 만들어 주기 위해서죠.

이때 핵심은 어른이 움직이도록 허락했다는 점에 있습니다. 어른의 지시로 허락을 받고 움직여야 다른 사람들에게 혼나거나 주의를 받지 않고 당당하게 '합법적'으로 움직일 수 있다는 인식을 아이에게 심어주어야 합니다.

집에서도 숙제나 공부하는 중에 잠깐 일어나게 하거나 산책이나 심부름같이 부모님과 함께 다른 일을 하는 시간을 중간중간 끼워 넣으면 어떨까요? 문제를 풀면 와서 보여달라고 해서 숙제하는 중간에 움직일 기회를 만들어 주는 방법도 좋습니다.

○ 움직일 기회를 만들어 준다.

덜컹 덜컹

덜컹

자! 모두 일어나 볼까?

✕ 움직이지 못하게 한다.

자리에 앉아! 공부해야지!

우뚝

윽

적절히 움직일 수 있게 도와주세요

말하기 전에
예고해주세요

학교뿐만 아니라 집에서도 아이에게 중요한 이야기를 전달해야 할 때는 많을 겁니다. 그런데 얘기 좀 하려고 하면 금세 산만하게 구는 아이가 있습니다. 이런 때는 어떻게 다가가야 할까요?

저는 아이를 집중시키고 싶을 때 우선 아이의 이름을 부릅니다.

"××야, 잘 들어 봐."

"○○야, 선생님 얘기 좀 들어 봐."

이름을 불러 자연스럽게 주의를 돌리고 나서 이야기를 시작합니다.

그러다 주의가 흐트러지면 다정한 표정과 웃는 얼굴로 아이의 기분을 해치지 않도록 조심하면서 다시 한번 부드럽게 주의를 돌리기도 합니다.

"지금 선생님이 이야기하고 있잖아."

어떻게 해서든 집중시키려고 하는 것이 아니라 "자, 잘 봐"라고 자연스럽게 말을 거는 듯한 느낌이 중요합니다. 어디까지나 아이가 스스로 깨닫게 해야 한다는 점을 명심하세요. 스스로 깨달은 아이가 주체적으로 이야기에 집중하게 해야 합니다. 사소해 보일 수 있지만 아이가 주체적으로 집중해야 기술을 더 빨리 습득할 수 있습니다.

주의를 주고 혼을 내서 집중하게 하는 방법은 임시방편일 뿐, 아이의 성장으로 이어지지 않습니다. 아이가 스스로 깨달을 수 있는 방향으로 도와주세요.

⭘ 이름을 불러서 집중시킨다.

✕ 큰 목소리로 명령한다.

어떻게 말했는지
다시 생각해보세요

선생님이든 부모님이든 이야기가 끝나기도 전에 아이가 집중력을 잃고 산만하게 구는 모습을 본 적이 있으실 겁니다. 아이가 상대의 이야기에 집중하지 못하고 '주의력결핍' 증상을 보인다면 아이는 이미 마음속으로 '내 머릿속에는 더 이상 아무것도 들어오지 않아!'라고 외치고 있다고 봐야 합니다. 이때는 어떻게든 다시 집중시켜서 이야기를 듣게 하기보다, 먼저 자신의 '말투'와 이야기의 '내용'을 돌이켜보세요. 구체적으로 다음의 세 가지 사항을 돌아보고 고칠 부분이 없는지 생각해봐야 합니다.

① 이야기가 너무 길었을까?

발달장애 아이는 작업기억 용량이 다른 사람보다 작습니다. 이야기가 길어지면 용량을 초과해 집중할 수 없는 상태가 됩니다. 따라서 말은 되도록 짧게 해야 합니다(작업기업의 특징에 관해서는 16쪽을 참고해주세요).

② 여러 가지 정보를 한꺼번에 전달했나?

이야기 속에 포함된 정보가 너무 많아도 안 됩니다. 집중할 수 없을 뿐만 아니라 자칫 중요한 부분은 놓치고 중요하지 않은 세부 사항만 기억할 수도 있습니다.

앞에서도 설명했지만 발달장애가 있는 아이에게 특정 정보를 전달하려면, 반드시 일시일사(86쪽 참고)의 원칙을 지켜주세요.

③ 이해하기 어렵게 말했을까?

어른들은 저도 모르게 어려운 표현을 쓸 때가 많습니다. 이것 또한 조심해야 할 부분입니다.

"복창해보렴." "급수가 필요하겠구나." 가끔 학교에서 저학년 아이들에게 이렇게 말하는 선생님을 볼 때가 있습니다. 하지만 '복창'이나 '급수' 같은 단어의 의미를 모르는 아이도 있습니다.

아이에게 이야기할 때는 "자, 따라 해보세요"라거나 "물을 넣어야 겠구나"라는 식의 쉬운 표현을 사용해야 합니다. 쉬운 표현을 써야 한다는 생각은 항상 의식하고 있지 않으면 의외로 놓치기 쉬운 부분이니 주의해주세요.

변화를 주면서
여러 번 말해보세요

발달장애가 있는 아이는 작업기억(16쪽 참고) 용량이 다른 사람보다 작습니다. 따라서 전하고 싶은 말이 있으면 짧게 여러 번 반복해서 말해야 합니다. 참고로 메시지를 반복적으로 전달하는 방법을 고장 난 녹음기 기법(Broken record method)이라고 합니다.

아이가 바닥에 물을 흘린 상황을 생각해봅시다.

"바닥 닦아라. 바닥 닦아야지. 바닥 닦아."

거의 똑같은 말로 똑같은 지시를 반복하면 자칫 '무시'당했다고 느낀 아이가 반발할 수 있으니 주의해야 합니다. 뒤에 나오는 만화에 등장한 어른처럼 같은 말이라도 표현을 조금씩 바꿔가면서 말해보세요.

변화를 주면서 반복해서 말한다.

저는 학교에서 수업할 때 아이들에게 교과서 32쪽을 펴라고 말하고 싶으면 우선 "32쪽을 펴자. 32쪽"이라고 짧게 말한 다음에 이어서 말합니다.

"32쪽을 볼까? 그래, 32쪽. 잘했다. 32쪽을 폈구나."

표현을 바꾸는 동시에 칭찬을 섞어서 이야기합니다.

아이들이 모두 32쪽을 펼치면 그때 "세 번째 문제를 풀어보렴"이라는 식으로 다음 지시를 내립니다. 변화를 주면서 이야기를 반복하면 당신의 의도를 아이에게 정확히 전할 수 있습니다.

긍정적인 표현으로
관심을 끌어 주세요

선생님들은 이야기하는 중에 아이가 다른 곳을 보면 "○○야! ○○ 야! 다른 데 보면 안 돼!"라며 몇 번이고 불러서 주의를 줍니다. 보호 자도 다르지 않습니다. 아마 다른 데 보지 말라며 혼을 내기도 할 겁 니다.

하지만 '안 돼', '다른 데 보지 마'와 같은 부정적인 말로 집요하게 아이를 부르면 아이의 자존감을 해칠 수 있습니다. 저는 아이의 관 심을 불러올 때 일부러 긍정적인 표현을 사용합니다.

수업 중에 명준이라는 아이가 자꾸만 다른 곳을 본다면 저는 이렇 게 말합니다.

"자! 명준아! 보고 있지?"

옆자리 아이를 부르는 방법

살짝 목소리를 높여서 아이를 부릅니다. 그러면 아이도 소리를 듣고 제 쪽으로 고개를 돌리게 됩니다. 아이의 주의를 돌릴 때는 되도록 긍정적인 표현을 사용해주세요.

긍정적인 말로 아이의 주의를 돌리는 기술은 선생님들에게 특히 중요한 기술입니다.

교실에서 부정적인 표현을 반복해서 사용하면 '명준이는 주의가 산만한 아이'라는 인상을 주게 되고, 결국 주변 아이들도 명준이에게 "선생님 말씀 들어야지", "그러다 혼나"라고 주의를 주게 됩니다. 여기저기서 주의받는 일이 많아질수록 명준이는 더 괴로울 겁니다. 스트레스가 쌓여서 일상생활이 어려워질 수도 있습니다. 그런 상황을 막기 위해서라도 선생님은 아이를 부를 때 항상 긍정적인 표현을 사용해야 합니다.

참고로 앞의 만화에서처럼 옆자리 아이를 부르는 방법도 있으니 기억해두세요.

눈 그림 자석으로
도와주세요

발달장애가 있는 아이는 어른이 집중해서 잘 봤으면 하는 곳을 정확히 보지 않을 때가 있습니다. 학교에서도 시선은 칠판 쪽을 보고 있지만 멍하니 전체만 볼 뿐, 정작 필요한 부분은 보지 않는 아이가 있죠.

이처럼 스스로 주의력을 제어하지 못하는 아이는 일반적으로 다음과 같은 방법으로 지도합니다.

- 아이의 자리를 앞쪽으로 옮긴다.
- 중간중간 "여기 보자!"라고 말해서 주목하도록 한다.
- 집중력을 되찾을 수 있게 휴식 시간을 준다.

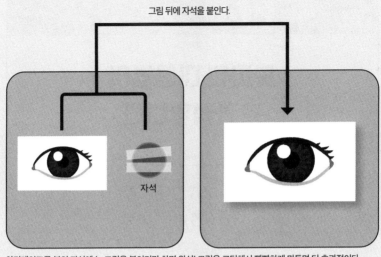

그림 뒤에 자석을 붙인다.

자석

양면테이프를 붙인 자석에 눈 그림을 붙이기만 하면 완성! 그림을 코팅해서 빳빳하게 만들면 더 효과적이다.

그리고 여기에 더해 제가 사용하는 방법이 하나 더 있습니다.

'눈 그림 자석 붙이기'입니다.

방법은 간단합니다. 종이에 눈 그림을 그리고 뒤에 자석을 붙이기만 하면 됩니다. 칠판 안에서 아이가 봤으면 하는 곳에 자석을 붙이면 아무 말 하지 않아도 아이가 자연스럽게 그쪽을 보게 만드는 아주 편리한 방법입니다.

발달장애가 있는 아이를 도와줄 때는 시각을 자극하는 방법이 가장 효과적입니다. 집에서도 스케줄보드에 눈 그림 자석을 붙여보세요. 확실히 도움이 될 겁니다.

도파민 대응법이
효과적입니다

도파민은 사람의 의욕을 높이거나 의지를 품게 하는 뇌 속 물질입니다. 저는 도파민 분비량을 늘려서 의욕을 높이는 방법을 '도파민 대응법'이라고 부르며 활용하고 있습니다. 물론 실제로 분비량이 늘었는지 아닌지는 알 수 없지만, 기억하기 편하게 이 책에서도 '도파민'이라는 용어를 사용하겠습니다.

도파민 대응법에는 대표적으로 네 가지 방법이 있습니다. 다음에 나오는 방법을 활용해보세요.

① 몸을 움직인다

이 방법은 이미 이 책 233쪽에서 설명했습니다. 조금 더 보강하자면 의자에서 일어나 손을 가볍게 흔든 다음 어른과 하이파이브하는 식으로 몸을 움직이게 합니다. 스트레칭과 비슷한 동작은 뇌를 각성하게 하는 좋은 자극이 됩니다.

② 높은 점수를 주며 칭찬한다

칭찬을 할 때 '120점', 'AA'와 같이 원래는 없는 높은 점수를 주며 칭찬합니다. 사람은 누구나 넘치는 칭찬을 받으면 기분이 좋아지고 의욕이 솟기 마련입니다.

③ 앞일을 미리 알려주거나 목표를 세워준다

발달장애가 있는 아이는 앞으로 어떤 일이 벌어질지 예상하는 일을 힘들어합니다. 그러니 어른이 먼저 가르쳐주세요. 아이가 안심하고 하던 일에 집중할 수 있을 겁니다.

④ 도전하게 한다

아이가 할 수 있을 만한 '새로운 일'에 도전하게 해주세요. 새로운 일에 빠져있을 때는 생각이 한 곳에 집중되기 때문에 과잉행동이 나타나지 않습니다.

노르아드레날린 대응법을 활용해보세요

6장 마지막에서는 아이가 느슨하게 풀어졌을 때 살짝 긴장감을 주는 노르아드레날린 대응법을 살펴봅시다.

노르아드레날린은 긴장하면 분비되는 뇌 속 물질입니다. 어디까지나 '노르아드레날린 분비를 이용하는 방법'이라는 이미지로 기억되길 바라는 마음에, '노르아드레날린 대응법'이라고 이름 붙였습니다. 쉽게 말해 아이를 살짝 압박하는 방법입니다.

다만 노르아드레날린 대응법을 사용할 때는 먼저 아이에게 이 방법이 적합한지 아닌지부터 확인해야 합니다.

● **노르아드레날린 대응법에 적합한 아이**

노르아드레날린 대응법은 ADHD 경향이 있는 건강한 아이에게 적합한 방법입니다. 다만 여러 번 사용해서 아이가 익숙해지면 효과가 없으니 꼭 필요하다고 느꼈을 때 가끔만 사용해주세요.

● **노르아드레날린 대응법에 적합하지 않은 아이**

쉽게 긴장하거나 불안해하고, 감각과민 증상이 있는 아이에게는 적합하지 않은 방법입니다. 아이가 지나치게 긴장해서 자칫 공황 상태에 빠질 수도 있습니다.

특히 선택적 함묵증(특정 상황에서 말하지 못하는 증상)이 있는 아이에게는 절대 사용해서는 안 됩니다. 그런 아이는 압박을 느낄수록 더 입을 닫아버리는 경향이 있으니 주의해주세요.

노르아드레날린 대응법은 반드시 앞의 내용을 염두에 두고 사용해야 하지만, 수업 시간에 선생님들에게는 매우 유용한 방법입니다. 또한 아이가 집에서 공부할 때는 보호자에게도 도움이 될 겁니다. 지금부터 구체적인 방법을 살펴봅시다. 노르아드레날린 대응법 세 가지를 반드시 기억해주세요.

① 시간과 횟수를 제한한다

저는 교사들을 대상으로 하는 강연에 나가면 참가자들에게 "2초 안에 자기 이름을 써 주세요"라고 말하고 실제로 쓰도록 할 때가 있습니다.

또는 국어 시간에 아이들에게 "수'로 시작하는 단어 다섯 개만 써 보자. 다 쓰면 수업은 끝이다"라는 과제를 내기도 합니다.

사람은 조건이 달린 과제에 몰두하면 몸과 마음이 긴장되고 심장 박동이 빨라집니다. 이때 느끼는 적당한 긴장감이 사람을 집중하게 하고 능력을 올려줍니다.

참고로 제 경험에 따르면 발달장애 아이에게는 긴장감을 유발해 서 무언가에 집중시키고 싶을 때 시간보다는 횟수를 제한하는 편이 효과적이었습니다.

② 이름을 부른다

어른이 갑자기 이름을 부르면 아이는 특별히 나쁜 짓을 하지 않았는 데도 긴장하게 됩니다. 이 현상을 잘 이용하면 아이의 집중력을 높 일 수 있습니다.

예를 들면 수업 중에 교과서의 특정 페이지를 펼치게 하고 "○○, 일어서 볼까?"라고 이름을 불러 주세요. 아이가 자리에서 일어서면 다음 지시를 내립니다.

"3번 문제를 한 번 읽고 자리에 앉으렴."

아이가 문제를 읽으면 칭찬해주고 앉게 하는 식으로 활용할 수 있 습니다.

아이의 주의가 산만해져서 집중하지 못하거나 분위기가 좀 느슨해졌다 싶을 때 도움이 되는 방법입니다.

③ 아이 옆으로 간다

이렇게 생각해봅시다

당신이 지금 수업을 듣고 있고 주어진 문제를 풀고 있습니다. 그때 선생님이 다가와서 당신 옆에 섰습니다.

어떨까요? 당연히 긴장될 겁니다. 이처럼 어른이 옆으로 다가가기만 해도 바짝 긴장하는 아이가 있습니다. 이 현상을 이용하면 아이에게 적당한 긴장감을 줄 수 있습니다.

다만 반드시 웃는 얼굴로 아이가 약간 불편해하는 정도 선에서 그쳐야 합니다. 계속 옆에 있으면 그저 '방해꾼'이 될 뿐이라는 사실을 잊지 마세요.

토막상식

학년에 따른 과잉행동 대응법

아이의 학년이 올라가면 과잉행동에 대한 대응법도 달라져야 합니다. 저학년 때는 움직이고 싶어 하는 아이의 욕구를 채워주는 방식으로 대응해야 하지만, 3학년 이상이 되면 지적 욕구를 채워주는 방식을 중시해야 합니다.

예를 들어 저는 고학년 수업에서는 이런 문제를 냅니다.

"'아'로 시작하는 세 글자 단어가 뭐가 있을까? 최대한 많이 찾아보자."

아이들은 대부분 퀴즈 같은 문제를 좋아해서 과잉행동을 보이는 아이라도 문제에 집중하곤 합니다.

또한 앞에서 설명했듯이 과잉행동은 학년이 올라갈수록 정도가 약해지는 경향이 있습니다. 저학년 아이가 수업 중에 일어나서 돌아다니거나 책상을 흔들며 소란을 피우는 일은 드물지 않지만, 고학년으로 올라갈수록 그런 일은 줄어듭니다. 만약 고학년이 되어서도 수업 중에 일어나서 돌아다닌다면 반항심이나 2차 장애일 가능성을 생각해봐야 합니다. 선생님이나 반 친구들과의 관계를 점검해봐야 하거나 의료기관의 도움이 필요할 수도 있습니다.

제 7 장

공황 상태에
빠지기 전에
진정시키는 방법

좀 당황한 것 같은데, 괜찮니?

홍분해서 점점 감정이 격해지는 아이가 공황 상태에 빠지기 직전인지 아닌지는 표정을 보면 어느 정도 알 수 있습니다.

아이의 눈꼬리가 뾰족하게 치켜 올라가 있다면, 그야말로 '폭발 직전'입니다. 그리고 폭발 직전인 아이를 보았을 때는 처음에 어른이 어떤 말을 건네는지가 매우 중요합니다.

저는 공황 상태에 빠지기 직전인 아이가 보이면 옆으로 다가가 조용히 속삭입니다.

"좀 당황한 것 같은데, 괜찮니?"

표정이 좀 어둡기만 한 정도일 때는 "좀 불안해 보이는구나"라고 말하기도 합니다.

258

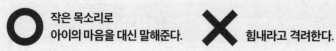

그렇게 말을 걸면 아이가 그렇지 않다고 반발할 때도 있지만, 때로는 조금 전에 기분 나쁜 일이 있었다고 솔직히 털어놓기도 합니다. 어떤 반응이든 상관없습니다. 대화의 실마리만 잡으면 아이를 진정시킬 단서도 얻을 수 있습니다.

이처럼 상대의 감정을 예측해서 대신 말로 표현해주는 방법을 병행 말하기(Parallel talk)라고 합니다. 자기 상태를 말로 정확히 전달하지 못하는 아이를 대할 때 꼭 필요한 기술입니다.

반면 격려나 응원의 말은 아이가 압박으로 느낄 수 있으니 삼가야 합니다.

"우리 웃어볼까?"라고
말해주세요

초등학교 1학년이나 조금 더 위 학년이라도 발달이 더뎌서 말로 하는 소통에 서툰 아이들이 있습니다. 이런 아이들에게는 다음 만화에서처럼 일단 웃게 하는 기술이 무엇보다 효과적입니다. 저는 제 말에 아이가 웃으면 "와~, 웃었다!"라고 말하면서 같이 웃습니다. 이 방법을 활용하면 공황 상태에 빠지는 일은 대부분 막을 수 있습니다.

가끔 "흥!"하고 콧바람을 뿜으면서 웃지 않는 아이도 있지만, 이때도 방법은 있습니다.

"지금은 그럴 기분이 아니구나. 미안해."

일단 사과하고 물러납니다. 그리고 조금 시간이 지난 후에 아이가 보이면 다가가서 다시 한번 시도합니다. "우리 웃어볼까?"

웃었다면 성공!

사람의 뇌는 단순해서 입꼬리를 올려 웃는 표정을 지으면 실제로는 기쁘지 않아도 어느 정도 기분이 좋아집니다. 이와 같은 뇌 시스템을 잘 이용하면 일부러 웃게 하는 방법으로 아이의 기분을 풀어주고 공황 상태에 빠지는 일을 막을 수 있습니다.

초등학생뿐만 아니라 어린이집이나 유치원을 다니는 아이들에게도 효과적인 방법입니다. 다만 초등학교 저학년을 넘어선 아이는 자기를 무시한다고 오해할 수 있으니 주의해주세요.

아이의 이야기를 듣고
공감해주세요

앞에서 아이가 흥분했을 때는 처음으로 건네는 한마디가 매우 중요하다고 설명했습니다. 그다음에는 공황 상태에 빠지려는 아이를 집단에서 분리하고 가능한 한 일대일로 대화를 나누어야 합니다. 집단 속에 있는 상태로 대처하려고 하면 아이가 오히려 더 혼란스러워할 수 있으니, 반드시 집단에서 떨어뜨려 놓아야 합니다.

그 후에는 다음에서 설명한 순서대로 아이와 대화를 나눠주세요. 효과가 있을 겁니다.

① 흥분한 원인을 묻는다

"지금 뭐가 널 불안하게 했어?"

"지금 왜 화가 났는지 말해줄래?"

질문해서 아이가 직접 원인을 말하도록 해주세요. 스스로 이유를 말하는 사이에 안정을 되찾는 아이도 있습니다.

② 불안하고 화가 나는 마음에 공감한다

아이에게 불안하고 화가 나는 원인을 듣고 나면 반드시 '공감'해줘야 합니다.

아무리 사소한 일일지라도 아이에게는 상당히 심각한 문제입니다.

"그랬구나. 힘들었겠네."

"그러면 짜증이 날 만도 하지."

반드시 공감한다는 뜻을 담아 말을 건네주세요.

③ 미소와 스킨십으로 안심시킨다

이야기를 듣고 공감해준 다음에는 웃는 얼굴로 등이나 팔을 가볍게 만져서 아이를 안심시켜 주세요. 심각한 불안 상태가 아니라면 이 정도로도 가라앉을 겁니다.

　다만 앞서 136쪽에서도 설명했지만, 머리를 만지면 싫어하는 아이가 있으니 어디를 접촉할지, 어떻게 접촉할지를 생각할 때는 아이의 특성을 고려해주세요.

혼자 있을 시간을 주고 기다려 주세요

어른이 아무리 신경 써서 예방한다고 해도 갑자기 일어난 돌발 상황으로 아이가 공황 상태에 빠지는 일은 막을 수 없습니다. 초등학교 저학년 아이들은 공황 상태에 빠지면 큰 소리로 계속 울거나 소리 지르고, 친구를 때리는 문제행동을 보이기도 합니다.

어른은 막상 눈앞에서 아이의 문제행동을 직면하면 저도 모르게 조용히 하라거나 그만두지 못하겠냐고 윽박지르게 되지만, 이는 적절하지 못한 대응입니다.

우선은 아이를 문제의 원인으로부터 떨어뜨려 주세요. 혼란스럽게 한 원인이 존재하는 장소에서 벗어나 마음을 진정시킬 수 있게 해야 합니다.

일단 앉아 볼까?

7

267

흥분한 상태에서는 어른이 무슨 말을 해도 받아들이지 못합니다. 그러니 일단 다음 순서에 따라 되도록 문제가 발생한 장소에서 멀어지게 해주세요.

① 자극 요인으로부터 떼어 놓는다

아이가 공황 상태에 빠지면 시각, 청각, 촉각을 통해서 들어오는 이런저런 감각 자극을 최대한 차단해줘야 합니다.

어른이 옆에서 계속 말을 걸면 아이가 더 혼란스러워할 수도 있습니다. 아이에게 하는 말은 최소한으로 줄이고, 일단은 공황 상태에 빠진 아이를 다른 사람이 없는 조용한 방으로 데려가세요.

학교라면 빈 교실, 집이라면 아이 방도 좋고 그밖에 다른 장소도 괜찮습니다. 혼자 있으면 의외로 금세 진정하고 안정을 되찾는 아이도 있습니다.

만약 아이가 극도로 흥분한 상태라 도저히 방으로 데려갈 수 없는 상황이라면, 아이를 그 자리에 앉혀주세요. 이때 바닥에 엉덩이를 대고 앉게 하는 것이 중요합니다.

아이들은 엉덩이가 바닥에 닿으면 순간적으로 몸에서 힘을 빼게 됩니다. 아이 몸에서 힘이 빠지면, 그때 조용한 방으로 데려가 주세요.

② 일단 진정할 때까지 기다린다

아이를 조용한 방으로 데려간 다음에 할 일은 '기다리기'입니다. 아이가 공황 상태에 빠졌을 때 절대 초조해하는 모습을 보이지 마세요.

'왜 공황 상태에 빠졌는지 빨리 이유를 알아야 해.'

'이런 일이 계속 있으면 큰일이야. 빨리 그러지 못하게 가르쳐야겠어.'

어른이라면 당연히 이런 생각이 들 수 있습니다.

하지만 여전히 혼란스러운 상태인 아이는 마음이 엉망진창이기 때문에 무슨 말을 들어도 머릿속에 들어오지 않습니다. 그러다 오히려 더 심한 공황 상태에 빠질 수도 있습니다.

<u>서두르지 말고 아이가 진정할 때까지 차분히 기다려 주세요.</u>

조금 시간이 지난 후에 말을 걸어 보면 아이가 진정했는지 알 수 있습니다. 다만 저학년 아이는 반응이 뚜렷하지 않아서 판단하기 어려울 때도 있습니다.

아이가 진정했는지 알고 싶다면 어깨를 유심히 살펴보세요. 어깨를 들썩이며 숨을 쉬고 있다면, 아이는 아직 흥분 상태입니다. 그때는 아이가 말해도 된다고 하더라도 조금 더 기다려 주세요.

대체품을 찾아서
피해를 막아주세요

앞서 아이가 공황 상태에 빠졌을 때는 가장 먼저 자극 요인에서 아이를 멀리 떼어놓아야 한다고 설명했습니다. 하지만 그럼에도 자해하거나 남을 때리고 물건을 부수는 등 문제행동을 보이며, 쉽게 진정하지 못하는 아이도 있습니다. 구체적인 예를 살펴봅시다.

- 피가 날 정도로 세게 여러 번 벽에 머리를 박는다(자해).
- 화를 내며 같은 반 친구를 때리거나 발로 찬다(폭력).
- 근처에 있는 물건을 던진다(파괴).

아이가 누군가를 때리고 물건을 부수는 광경을 목격하면 보호자는 큰 충격을 받겠지만, 그럴수록 침착하게 마음을 가라앉히고 서둘러 '대체품'을 찾아 주어야 합니다. 아이가 주체할 수 없는 화를 사물에 쏟아내면 그만큼 다른 사람에게 피해를 주는 일을 막을 수 있습니다.

폭력적인 행동에 관해서는 8장에서 자세히 설명하기로 하고 우선 자해 행동과 파괴 행동에 대처하는 방법부터 살펴봅시다.

① 자해 행동 대응법: 다치지 않을 물건을 준다

예전에 제가 맡았던 반에 공황 상태에 빠지면 벽이나 책상에 머리를 박는 아이가 있었습니다. 그러다 보니 발작이 일어날 때마다 다쳐서 양호실에 가야 했습니다.

그런 일이 반복되던 어느 날 아이가 또 공황 상태에 빠졌을 때 저는 '올록볼록 돌기가 돋아있는 고무 공'을 건네주며 말했습니다. "여기라면 머리를 쾅쾅 박아도 돼." 그러자 마음이 풀릴 때까지 공에 머리를 박은 아이는 다치지 않고 안정을 되찾을 수 있었습니다.

② 파괴 행동 대응법: 부숴도 되는 물건을 건네준다

공황 상태에 빠지면 물건을 부수는 아이를 맡은 적도 있습니다. 그때 아직 화가 가라앉지 않은 아이에게 제가 준 대체품은 '나무젓가락'이었습니다.

"기분이 풀릴 때까지 마음껏 부러뜨리렴."

자해 행동 대응 방법

파괴 행동 대응 방법

덕분에 교실에 있는 다른 물건들 대신 나무젓가락이 부러지는 선에서 끝날 수 있었습니다.

토막상식

공황 상태에 빠진 아이는 잘못이 없다

발달장애가 있는 아이가 공황 상태에 빠졌을 때 어른이 절대 해서는 안 되는 행동이 있습니다. 다름 아닌 공황 상태에 빠진 아이를 꾸짖는 일입니다. 아이들은 감정을 통제하는 힘이 어른들만큼 강하지 않습니다. 자신도 공황 상태에 빠지고 싶지 않지만 스스로 조절하기가 어려울 뿐입니다.

이 책을 통해 아이를 진정시키는 방법과 연습하는 법을 소개하고 있지만, 아이가 공황 상태에 빠지지 않을 방법을 이리저리 고민하고, 아무리 열심히 연습해도 갑자기 공황 상태에 빠지는 일을 완전히 막을 수는 없습니다. 불가항력입니다. 자기 자신도 어쩔 수 없는 일을 두고 꾸짖으면 아이 마음에 상처만 생길 뿐입니다. 아이에게 괜한 상처를 줄 필요는 없지 않을까요? 공황 상태에 빠졌던 일로 아이를 탓하거나 꾸짖는 일이 없길 바랍니다.

얼마나 화가 났는지
물어보세요

공황 상태에 빠졌던 아이가 어느 정도 진정하고 나면 아이에게 분노의 강도가 어느 정도였는지 직접 확인해야 합니다. 아이의 말로 직접 들어야 현재 기분도 알 수 있고 말을 걸어도 되는 상태인지 더 정확하게 판단할 수 있습니다.

아이가 얼마나 화가 났었는지 확인할 때는 뒤에서 제시한 그림과 같이 분노의 강도를 표현한 단계표가 도움이 됩니다. 비슷한 그림을 준비해서 보여주고 아이와 대화를 나눠보세요.

부모: "지금 느끼는 화의 세기는 1~10 중에서 어디쯤일까? 손가락으로 집어 볼래?"

분노 강도를 표현하는 단계표 예시

아이: ('5'를 가리킨다)

부모: "화가 어디까지 내려가면 이야기할 수 있을까?"

아이: ('4'를 가리킨다)

이런 식으로 아이가 기준을 정하게 합니다. 그리고 아이에게 잠시 시간을 주세요.

부모: "지금은 화가 어디쯤일까?"

아이: ('3'을 가리킨다)

아이의 분노 강도가 기준 밑으로 떨어지면 그때 아이와 조금 전 상황에 관해 이야기합니다. 다시 물었을 때도 기준 이하로 떨어지지 않았다면, 조금 더 시간을 두고 다시 확인해주세요.

아이와 함께 예방법을 의논해보세요

아이가 공황 상태에서 벗어나도 어른이 할 일은 아직 끝나지 않았습니다.

궁극적으로는 다음에 같은 상황을 맞닥뜨리더라도 아이가 공황 상태에 빠지지 않고 넘어가야 하지 않을까요? 그러려면 어른이 일방적으로 가르치기보다는 아이와 함께 상황을 돌이켜보면서 어떻게 하면 공황 상태에 빠지지 않을 수 있을지 생각해봐야 합니다.

저는 아이가 안정을 찾고 대화가 가능한 상태가 되면 다음 순서대로 지도합니다.

① 아이에게 조금 전 상황을 떠올려 보게 한다.

② 공황 상태에 빠지기까지의 과정을 순서대로 적게 한다.

③ 적은 내용 중에서 가장 많이 화가 났던 부분을 고르게 한다.

④ 어떻게 행동하면 공황 상태에 빠지지 않을 수 있을지 함께 생각한다.

⑤ 침착하게 행동을 돌아본 점을 칭찬해준다.

　아이가 안정을 되찾으면 함께 행동을 돌이켜보면서 대책을 생각하고 칭찬해주세요. 일련의 과정을 끈기 있게 여러 번 반복하다 보면 아이가 공황 상태에 빠지는 일이 점차 줄어들 겁니다.

　다음 만화를 통해 구체적인 상황을 재현해보았습니다. 이 중에서 마지막 ⑤번이 가장 중요하다는 사실도 잊지 마세요. 아이가 자기 행동을 분석했다면 어른은 반드시 칭찬해주어야 합니다.

　공황 상태에 빠져서 가장 힘든 사람은 아이 본인입니다. 어른은 아이에게 힘들었던 기억을 다시 떠올리게 하는 셈이죠.

　기억을 다시 떠올리는 일 자체가 아이에게는 큰 부담입니다. 그러니 꼭 따뜻한 말로 칭찬해주세요.

　"침착하게 자기 행동을 돌이켜 생각해봤구나. 정말 잘했다."

　칭찬과 동시에 격려도 잊지 마시길 바랍니다.

　"다음에는 공황 상태에 빠지지 않을 거야. 괜찮을 거다."

공황 상태 재발을 막으려면

그림 때문에 놀림을 받아서 공황 상태에 빠진 아이의 사례

① 상황을 떠올리게 한다

② 순서대로 적게 한다

종이나 화이트보드를 활용해서 어른이 정리해주세요.

③ 가장 많이 화가 났던 부분을 고르게 한다

고르는 과정을 통해서 아이가 원인을 스스로 깨닫게 합니다.

④ 공황 상태에 빠지지 않을 방법을 생각한다

어떤 방법이 가장 좋을지 아이와 의논해서 결정해주세요.

⑤ 행동을 돌이켜보고 분석한 점을 칭찬한다

마지막에는 꼭 아이를 칭찬해주세요.

암호를 정해서
연습해보세요

자신이 공황 상태에 빠지려 하는지 아닌지 제일 잘 아는 사람은 아이 자신입니다. 아이가 공황 상태에 빠지기 직전에 어른에게 자기 상태를 말해준다면 어른은 아이가 쉴 수 있도록 조처해서 더 큰 문제가 생기지 않게 막을 수 있을 겁니다. 그래서 저는 아이와 '암호'를 정해놓고 마음이 혼란스러워지면 와서 말하도록 했습니다.

예를 들어 다음 만화에 등장한 영식이와는 "선생님! 이제 한계예요!"라는 말을 암호로 정해두었죠.

"짜증이 나서 폭발할 것 같으면 선생님한테 와서 '한계'라고 가르쳐주는 거다."

그렇게 약속하고 만화에서처럼 말하러 오는 연습도 했습니다.

연습도 실전처럼!

평소에도 자연스럽게 훈련을 반복하는 것이 중요해요!

아이와 함께 정하는 암호는 어떤 말이든 상관없습니다.

"아빠, 짜증 최고치야!"

"엄마, 내 말 좀 들어줘."

평소에 쓰는 자연스러운 말도 좋고, 또는 "시간 됐어"라는 식으로 다른 사람은 이해할 수 없는 말이어도 괜찮습니다. 어떤 말이든 여러 번 연습해서 익숙해지는 것이 중요합니다. 그리고 실제로 아이가 말하러 오면 "잘했어! 말해줘서 고마워"라고 칭찬해주세요. 아이는 자기감정을 조절하려고 애쓰고 있습니다. 아이의 노력을 칭찬해주고 격려해서 자제력을 키울 수 있게 도와주세요.

진정시킬 방법을
미리 찾아 두세요

말로 충분히 소통할 수 있는 아이나 초등학교 고학년으로 올라가면서 심하게 흥분하는 빈도가 줄어든 아이라면, 함께 의논해서 '마음을 진정시킬 방법'을 미리 정해두는 것도 좋은 대책입니다. 방법을 알고 있으면 공황 상태에 빠지는 일을 예방할 수 있습니다.

저는 아이 특성에 맞춰 보통 두 가지 방법을 사용합니다.

① 과잉행동 성향이 강한 아이 : 마음을 진정시키는 말 정해두기

ADHD 경향이 강한 아이라면 함께 이야기해서 기분을 가라앉힐 수 있는 말을 정해두세요.

예를 들어 우식이라는 남자아이가 '참아, 우식아'라는 말을 골랐다면 이렇게 가르쳐주세요.

"일이 생각대로 되지 않으면 눈을 감고 지금 정한 말을 세 번 반복하는 거야."

그리고 실제로 '참아, 우식아. 참아, 우식아. 참아 우식아'를 외치는 연습을 시킵니다. ADHD 경향이 강한 아이는 시각적인 이미지를 잘 떠올리지 못하는 경우가 많아서 말을 정해두는 편이 효과적입니다.

② 자폐 성향이 강한 아이: 좋아하는 것을 생각하도록 하기

집착과 같이 자폐 스펙트럼 특성을 보이는 아이는 좋아하는 것을 생각하도록 하는 방법이 도움이 됩니다. 사물이나 색, 애니메이션, 경치 구분 없이 아이가 스스로 정한 것이라면 무엇이든 좋습니다. 예를 들어 아이가 '곰 인형'을 생각하기로 정했다면 다음과 같이 가르쳐주세요.

"일이 생각대로 되지 않으면 눈을 감고, 지금 정한 '곰 인형'을 10초 동안 떠올려 봐."

그 자리에서 바로 생각하는 연습도 시켜주세요. 자폐 경향이 강한 아이는 시각적 이미지를 쉽게 떠올리기 때문에 말보다는 영상이 효과적입니다.

도전하는 아이는 칭찬받아 마땅하다

앞에서 아이가 화가 나거나 공황 상태에 빠지기 직전일 때, 자기 상태를 어른에게 말하는 기술을 가르쳐야 한다고 설명했습니다.

여기에 더해 아이가 해당 기술을 자연스럽게 사용하길 바란다면 많은 연습을 거듭해야 합니다. 감정이 격해진 상태에서도 기술이 자연스럽게 나올 수 있도록, 말 그대로 몸이 기억하게 만들어야 합니다. 몸에 익도록 몇 번이고 반복해서 연습시켜 주세요.

그다음 실제로 아이가 말하러 왔을 때는 기다렸다는 듯 아낌없이 칭찬을 퍼부어 주어야 합니다. 어쩌면 아이는 말하러 왔을 때 이미 마음속에 화가 가득 찬 상태일 수도 있고 엉엉 울면서 올지도 모릅니다. 그래도 괜찮습니다. 아이가 말하러 왔다면 아이도 자기 기분을 자각하고 제어하고 싶다는 의미입니다. 어른의 도움을 받아서라도 감정을 조절하고 싶다는 뜻이죠. 그러니 있는 힘을 다해 애쓰는 아이를 크게 칭찬해주세요.

계속 도전하다 보면 언젠가는 아이도 스스로 자기감정을 억누를 수 있게 됩니다. 결과만 보지 말고 아이가 '도전'했다는 점에 주목해주세요. 칭찬으로 아이에게 날개를 달아 주시길 바랍니다.

폭력적인 행동에
대처하는 방법

폭력은 '아이가 보내는 메시지'입니다

발달장애 아이들은 때때로 폭력적인 행동, 다시 말해 다른 사람에게 폭력을 행사하거나 폭언을 쏟아내는 행동을 보이기도 합니다. 하지만 아이들이라고 해서 그저 재미로 날뛰고 다른 사람을 때리지는 않습니다.

초등학교 저학년 아이가 난폭한 행동을 할 때는 반드시 그만한 이유가 있다는 사실을 잊지 마세요. 그중에는 하고 싶은 말이 있는데 말로 표현할 능력이 부족해서 폭력적인 행동으로 표출해버리는 아이들도 많습니다.

원래 아이는 어른만큼 자유자재로 언어를 구사하지 못합니다. 사용할 수 있는 어휘가 한정적이고, 특히 발달장애가 있는 아이들은 그 폭이 더 좁다고 생각해야 합니다.

여러 가지 설이 있지만 전형적인 발달 과정을 거친 아이가 6세가 되면 2,400~3,000개의 단어를 구사한다고 합니다. 하지만 발달장애가 있는 아이가 습득한 단어량은 그보다 훨씬 적을 수도 있습니다.

어른이라면 난폭한 행동을 한 아이에게 왜 그렇게 행동했는지 한 번쯤 물어본 적이 있을 겁니다. 그때 혹시 아이가 이렇게 대답하지 않던가요?

"몰라."

"모르겠어."

대부분 무뚝뚝한 표정으로 모른다고 하거나 아예 입을 꾹 닫아버리는 아이도 많을 겁니다.

아이가 무조건 모른다고 하는 이유는 아직 자기 기분이나 하고 싶은 일, 하고 싶은 말을 언어로 표현하는 능력이 부족하기 때문입니다. 말로 표현할 길이 없으니 어쩔 수 없이 행동으로 표현하는 겁니다.

발달장애 아이들은 하고 싶은 말이 있거나 거부하고 싶을 때, 타인에게 원하는 것이 있을 때 다른 사람을 향해 폭력적인 행동을 합니다. 즉 폭력적인 행동은 아이가 보여주는 자신만의 표현이자 메시지입니다. 난폭한 행동으로 종종 문제를 일으키는 아이를 바로잡아주고 싶다면 무엇보다 먼저 아이의 마음부터 이해해야 합니다.

아이를 둘러싼 환경부터 바꿔주세요

폭력이나 폭언과 같이 아이가 다른 사람에게 난폭하게 구는 행동을 사전에 막고 싶다면 무엇보다 먼저 아이를 둘러싼 '환경'부터 다시 살펴봐야 합니다. 환경에서 받는 특정 자극이 원인이 되어 아이가 문제행동을 일으키는 경우가 상당히 많습니다.

따라서 문제가 발생하기 전에 예방하고 싶다면 우선 환경부터 바꿔주어야 합니다. 다시 말해 환경 정비가 필요합니다. 이때 환경 속에 사람도 포함된다는 사실을 꼭 기억해주세요.

저는 학교에서 아이들의 주변 환경을 정비할 때 다음 세 가지 사항에 주목합니다.

① 생활 환경 정비

기본적으로 조용히 있을 수 있는 환경을 마련해두어야 합니다.

아이가 혼자 마음 편하게 있을 방이 있으면 가장 좋겠지만, 여건이 되지 않는다면 커튼이나 칸막이로 공간을 나누어주어도 괜찮습니다. 그곳에서 아이가 편안히 안정을 취할 수 있도록 해주세요.

또한 226~230쪽에서 설명했듯이 아이의 자리를 앞쪽으로 옮기거나 벽에 걸린 게시물을 줄이고, 물건의 위치를 옮기지 않도록 주의해서 시각적 자극을 줄여야 합니다.

② 인적 환경 정비

발달장애 아이 옆에 사이가 좋지 않은 아이나 참견을 잘하는 아이가 앉지 않았는지도 자주 확인해야 합니다. 아이들끼리 어떻게 지내는지 관심을 가지고 살펴봐주세요.

'저 아이 옆에는 앉히지 말아야겠다.'

'저 아이는 친절하게 잘 도와주니까 가까운 자리에 앉혀야겠어.'

보다 보면 자연스레 좋은 생각들이 떠오를 겁니다. 이렇게 떠오른 아이디어를 실행에 옮기기만 해도 아이에게 큰 도움이 됩니다.

또한 어른이 아이들 사이에 끼어서 '완충제' 역할을 해주는 것도 좋은 방법입니다. 예를 들어 쉬는 시간에 친구들과 놀다가 종종 문제행동을 일으키는 아이가 있다면 선생님이 아이들과 함께 놀면서 원만하게 조정해주는 방법도 있습니다.

③ 주변 어른이 미치는 영향

마지막은 의외로 놓치기 쉬운 부분입니다. 아이가 문제행동을 하는 원인이 주변에 있는 어른 때문일 수도 있다는 걸 염두에 두세요.

저도 실제로 경험한 적이 있습니다. 평소에는 얌전하고 선생님은 물론 친구들과도 사이좋게 지내던 아이가 어느 날 갑자기 난폭한 행동을 한 적이 있었습니다. 아이를 진정시키고 이유를 물었습니다.

"저는 열심히 하고 있었는데 교감 선생님께 혼났어요."

청소 시간에 열심히 청소하다가 잠깐 쉬고 있었는데, 때마침 지나가던 교감 선생님이 쉬는 모습을 보고 엄하게 꾸지람하셨다고 하더군요. 아이는 억울하게 혼이 나서 화가 났던 겁니다.

아이는 주변에 무서운 어른이 있으면 불안해하고, 그러다 문제행동으로 이어질 수도 있습니다. 자기 자신을 포함해서 아이 주변에 있는 어른들의 행동을 돌이켜 생각해보세요. 혹시 짚이는 부분이 있다면 반드시 어른의 말과 행동부터 고쳐야 합니다.

- ✕ 목소리가 크다.
- ✕ 말투가 억압적이고 위압적이다.

✕ 훈육 방식이 지나치게 엄격하다.

보호자들도 마찬가지입니다. 집이 아이가 편안하게 지낼 수 있는 환경인지 다시 한번 생각해보세요.

- 조용한 장소가 마련되어 있는가.
- 형제자매나 이웃집 아이와 사이는 어떤가.
- 자신을 포함해 주변 어른들이 아이에게 자극을 주지 않는가.

어른이 먼저 돌이켜 생각해보고 아이가 안심할 수 있는 환경을 만들어 주면 아이의 폭력적인 행동은 얼마든지 줄일 수 있습니다.

무서운 태도로 아이를 대하면 역효과만 날 뿐이에요.

발생 조건이 무엇인지 생각해보세요

아이가 난폭한 행동을 하는 배경을 살펴보면 특정 발생 조건이 있을 때가 있습니다. 예를 들어 제가 예전에 맡았던 한 아이는 수업 종만 울리면 화를 내면서 반 친구들을 때렸습니다. 그 아이에게는 '수업 종소리'가 폭력적인 행동을 부르는 발생 조건이었습니다.

일상생활에서 미리 '발생 조건'을 파악해두면 폭력적인 행동을 예방할 수도 있고, 설령 막지 못했다고 해도 같은 일이 반복되지 않도록 통제할 수 있습니다. 우선 아이가 짜증을 내거나 화를 낸다면 해당 시점 기준으로 다음과 같은 사항을 검증해주세요.

- 무슨 일이 일어났는가? or 일어나지 않았는가?

- 무엇이 존재했는가? or 존재하지 않았는가?
- 누가 있었는가? or 없었는가?
- 무슨 소리가 들렸는가? or 들리지 않았는가?

검증한 후에는 어떻게 하면 폭력적인 행동을 불러오는 요소(위험 요인)를 줄이고, 아이 마음을 진정시켜 줄 요소(보호 요인)를 늘릴 수 있을지 생각합니다. 그러다 보면 짜증이나 분노가 타인을 향한 폭력적인 행동으로 이어지는 일을 막을 방법이 보일 겁니다.

참고로 종소리가 들리면 화를 내던 아이에게는 종소리가 울리기 전에 귀마개를 하도록 해서 문제를 해결할 수 있었습니다.

원인을 찾으려는 생각이 없으면 폭력적인 행동을 막을 수 없어요

평소에도
자주 칭찬해주세요

난폭한 행동을 자주 보이는 아이에게는 일상에서 별다른 일이 없어도 의식적으로 말을 건네야 합니다.

"오늘, 참 착하네."

"도와줘서 정말 고마워."

"얌전히 앉아서 노트 필기하고 있었구나. 대견하네."

자주자주 칭찬해주세요.

어른은 아이가 난폭한 행동을 하면 즉각 반응을 보입니다. 반면 별다른 일이 없을 때는 아무런 반응을 보이지 않죠. 얼핏 자연스러운 행동처럼 보이지만, 사실 옳지 않은 대처법입니다.

얌전히 있을 때는 말을 걸지 않다가 문제행동을 하면 바로 혼을 내는 방식으로 아이를 대하면, 자칫 일상생활에서 아이의 문제행동만 강조될 수 있습니다. 어른이 자신의 나쁜 면만 본다고 느낀 아이는 상처받게 되고, 동시에 주변 사람들에게도 '폭력적인 아이'라는 인상을 심어줄 우려가 있습니다.

한번 '폭력적인 아이'로 낙인찍히면 그때부터는 모두가 아이의 나쁜 면에만 집중하고 좋은 면에는 주목하지 않게 됩니다. 잘못된 인식이 뿌리내리면 아이의 삶은 점점 더 괴로워질 뿐입니다.

다만 앞서 111쪽에서 설명했듯이 그렇다고 해서 우연히 일어난 일까지 무조건 칭찬해서도 안 됩니다.

그 점에 유의하면서 일상생활 중에 자주 말을 건네주세요. 난폭한 행동을 자주 하는 아이일수록 더 자주 칭찬해야 합니다. 이 아이는 나쁜 아이가 아니라는 사실을 주변에, 그리고 아이 자신에게 계속해서 알려주시길 바랍니다.

되도록 손대지 말고 말려 주세요

발달장애가 있는 아이가 다른 사람에게 난폭하게 구는 모습을 목격하면 어른은 일단 폭력적인 행동을 하는 아이를 말려야 합니다.

실제로 아이를 말려야 하는 상황이 벌어지면 대부분 301쪽 오른쪽 만화처럼 몸 어딘가를 붙잡아서 아이를 제압하려 합니다. 하지만 가해자가 된 아이를 뒤에서 끌어안아 제압하거나 팔이나 몸을 붙잡아 말리는 행동은 절대 해서는 안 되는 행동입니다. 오히려 아이가 더 흥분할 수도 있습니다.

아이를 말릴 때는 일단 가해자가 된 아이 쪽을 바라보면서 사이에 끼어들어 거리를 벌려주세요.

그다음에 그대로 팔을 벌리고 "자, 자, 그만!"과 같은 말과 함께 천천히 가해자 아이에게 다가갑니다. 이때 몸에 손을 대지 않도록 주의해주세요.

앞에서 어른이 조금씩 다가오면 아무리 흥분한 아이라도 뒷걸음질 치게 됩니다. 어른이 다가가서 아이를 뒤로 물러서게 만드는 방식으로 조금씩 가해 아동과 피해 아동을 떼어놓습니다.

마지막으로 적당한 순간에 옆에 나란히 서서 양어깨를 가볍게 감싸고 아이를 조용히 있을 수 있는 빈방으로 데려가 주세요. 이것이 아이를 말리는 올바른 방법입니다. 302쪽에 일련의 과정을 정리했으니 참고해주시길 바랍니다.

O 사이에 끼어들어 아이들을 떼어놓는다.

X 힘으로 말린다.

① 어른이 사이에
   끼어든다.

② 조금씩 아이들을
   떼어놓는다.

③ 조용한 장소로
   데려간다.

혼자 있어도 좀처럼 흥분이 가라앉지 않으면 때려도 괜찮은 물건을 건네주세요. 아이가 제 손으로 마구 때려도 다치지 않을 물건이라면 무엇이든 괜찮습니다. 참고로 저는 공기를 넣어서 부풀린 큰 인형을 준비해두었습니다.

아래쪽에 추가 들어있어서 쳐서 넘어뜨려도 다시 일어나는 인형입니다. 비슷한 인형을 미리 준비해두었다가 아이가 난폭한 행동을 하려고 하면 "기분이 풀릴 때까지 인형을 때려 봐"라고 말해주세요.

인형을 활용하는 방법에는 폭력적인 행동을 '예방'하는 효과도 있습니다.

예전에 제가 맡았던 아이 중에 공황 상태에 빠지면 친구를 때리는 아이가 있었습니다. 저는 아이에게 인형을 주고 마음껏 때려도 된다고 했죠. 그 후로 친구를 때리는 일이 확실히 줄어들었습니다. 아마도 가끔 인형을 때리면서 화를 식히지 않았을까요?

객관화 화법을 활용해보세요

아이가 눈앞에서 폭력적인 행동을 하면 어른도 조금은 감정이 격해지기 마련입니다. 그러다 보니 아이를 조용한 장소로 데려가자마자 "친구를 때리면 안 돼!"라고 호통을 치기도 합니다.

하지만 폭력적인 행동을 한 직후에는 무슨 말을 해도 효과가 없다는 사실을 명심하세요. 아이의 뇌는 여전히 흥분한 상태입니다. 저도 모르게 주먹을 휘둘러버릴 정도로 흥분한 상태에서는 어른이 무슨 말을 해도 들리지 않습니다.

그러니 우선은 아이의 흥분부터 가라앉혀주세요. 진정할 때까지 한 시간 이상 걸리는 아이도 있지만, 일단은 아이가 진정할 때까지 기다리는 일이 첫 번째 단계입니다(아이가 진정했는지 확인하려면 275~277

쪽에 설명한 방법을 참고해주세요).

아이가 어느 정도 마음을 가라앉히면 다음에 활용할 기술은 객관화 화법입니다.

객관화 화법은 앞서 201쪽에서 설명했듯이 마지막에 "너랑은 상관없는 일일지도 모르지만…"이라는 말을 덧붙이는 방법입니다. 어른이 하는 말을 잘 따르지 않는 아이에게 효과적입니다.

그 외에 만약 평소에는 말을 잘 듣던 얌전한 아이가 갑자기 난폭한 행동을 했다면 앞의 만화에서처럼 마지막에 바람직한 행동을 끌어내는 말을 덧붙여 보는 것도 좋은 방법입니다.

"○○는 어떻게 하고 싶어?"

아이 성격에 따라서는 살짝 등을 떠밀어 주는 방법이 효과적일 때도 있습니다.

구조를 요청하는
기술을 가르쳐주세요

아이가 폭력적인 행동을 했을 때는 이미 상당히 흥분한 상태입니다. 어른이 말리고 다시는 난폭하게 굴지 않겠다고 약속을 받아내도 막상 다시 감정이 격해지면, 그 말은 아이의 머릿속에서 깨끗이 지워집니다. 약속을 지킬 리가 없죠.

그러니 약속보다는 구조요청 기술을 가르치는 편이 더 효과적입니다.

발달장애가 있는 아이는 자기 생각대로 일이 풀리지 않아서 불편한 상황에 놓였을 때, 도움을 요청하는 대신 폭력적인 행동으로 기분을 표현하기도 합니다. 그러니 그 전에 어른에게 힘든 상황을 알리고 도움을 요청할 수 있다면, 난폭한 행동으로 번지지 않고 끝날 수 있지 않을까요? 저는 아이에게 이렇게 말합니다.

"앞으로는 친구를 때리기 전에 선생님한테 와서, '선생님, 힘들어요' 하고 얘기하는 거야."

그리고 그 자리에서 아이에게 실제로 말하러 오는 상황을 여러 번 연습하게 합니다.

그다음 아이의 생활을 유심히 지켜봅니다. 그러다 아이가 화를 내고 친구를 때리려고 하는 모습이 보이면 다가가서 기억을 상기시킵니다.

"지금 힘들어 보이는데 도와줄까? '선생님, 힘들어요'라고 할 수 있

겠어?"

아이가 가르쳐준 구조요청 기술을 떠올리고 실천하면 잘했다고 칭찬해주세요. 이런 식으로 가르쳐준 기술을 활용했다는 성공 경험을 차근차근 쌓아갑니다.

무섭게 혼을 내서 공포로 폭력적인 행동을 억제하려는 어른도 있지만, 그보다는 훨씬 효과적인 방법이니 한번 실천해보세요.

마음을 표현하는 방법을 가르쳐주세요

8장 초반에 폭력은 '아이가 보내는 메시지'라고 설명했습니다. 따라서 아이가 자신의 메시지(자기 기분이나 요구 사항)를 말로 전할 수 있도록 도와주면 아이에게 큰 도움이 됩니다.

구체적으로 살펴봅시다. 우선 아이가 폭력적인 행동을 했다면 어른이 그런 행동을 하기 전 아이의 기분이 어땠는지, 무언가 원하는 것이 있었는지를 파악해서 대신 말로 표현해주어야 합니다.

예를 들어 아이가 욕을 듣고 순간 욱하고 화가 치밀어서 친구를 때렸다면 이렇게 말해보세요.

"그럴 때는 친구한테 '욕하면 안 돼!'라고 말하면 돼."

시끄러운 목소리 때문에 화가 나 친구를 때린 아이에게는 이렇게 말합니다.

"그럴 때는 '**조용히 해줄래**'라고 말해주면 돼."

이런 식으로 아이가 직접 사용할 수 있는 문장을 넣어서 아이의 기분을 대변해줍니다. 아이와 함께 해당 문장을 사용해서 기분을 표현하는 연습까지 하면 완벽합니다.

다만 아이에게 "다음부터는 그렇게 말하는 거다. 약속이야"라고 다짐을 받으려 해서는 안 됩니다. 다짐을 받아두면 다음에 또 폭력적인 행동을 했을 때 약속을 지키지 못했다는 생각에 아이가 우울해할 수도 있습니다. 그뿐만 아니라 약속을 받아냈던 어른도 지난번에 한 약속을 들먹이며 저도 모르게 아이를 몰아붙일 우려가 있습니다. 약속은 절대 강요하지 마세요.

○ 표현을 가르쳐준다.

"욕하면 안 돼!"라고 말하면 돼

✕ 약속을 받아낸다.

"욕하면 안 돼!"라고 하는 거야. **약속**하는 거다.

아이와 함께 대체행동을 정해보세요

폭력적인 행동 이외에 '마음을 진정시키고 화를 식힐 방법'을 미리 정해두었다가 문제 발생을 막는 것도 아이를 돕는 훌륭한 방법입니다. 다만 폭력적인 행동 대신에 할 행동(대체행동)은 어른이 정해주지 말고 아이와 함께 의논해서 스스로 정하도록 해주세요.

예를 들어 저는 화가 나면 친구를 때리는 아이와는 '화가 나면 양호실로 간다', '사람을 때리지 말고 종이를 찢는다'와 같은 대체행동을 정했습니다.

이때 핵심은 아이가 대체행동을 시도했지만 잘되지 않아서 결국 친구를 때렸다 하더라도 절대 참지 못한 일로 탓하지 말아야 한다는 점입니다. 대신 차분하게 물어봐주세요.

대체행동의 예시

혼자 있는 시간을 갖는다.

때려도 괜찮은 물건으로 스트레스를 해소한다.

좋아하는 일로 기분 전환을 시킨다.

"지난번과 비교해서 0.1초라도 참을 수 있었어?"

대체행동을 정하면 아이의 머릿속에는 '참아야 한다'라는 의식이 생깁니다. 다시 말해 아이가 성장하고 있는 겁니다. 참을 수 있었는지 물어보면 아이는 자기 행동을 돌아보고 '지난번에는 그냥 친구를 때렸지만 이번에는 참아야 한다고 생각하기는 했다'라는 사실을 의식하게 됩니다.

아이가 자신의 성장을 스스로 인식하면 차츰 주먹부터 휘두르려던 충동을 자기 힘으로 억누를 수 있게 될 겁니다.

토막상식

신속한 대체행동이 문제를 막는다

아이가 문제행동을 하는 이유를 쉽게 알아낼 수 없을 때도 많습니다.

예전에 수업 외 활동으로 반 아이들을 데리고 미술관에 갔던 적이 있었습니다. 그날 한 아이가 땅에 있던 돌멩이를 주워서 건물을 향해 계속 던졌습니다.

왜 돌을 던지는지 영문을 알 수 없었지만, 유리창이나 지나가는 사람이 맞으면 분명 위험할 상황이었습니다. 저는 돌멩이 한 개를 주워서 아이 옆에 섰습니다. "발밑에 있는 자갈을 향해 던져보자! 좋아, 하나!"라고 말하면서 먼저 돌을 던졌습니다.

돌이 서로 부딪치면서 딱, 소리가 나자 아이도 발밑을 향해 돌을 던지기 시작했습니다. 저는 이쪽이 더 재밌지 않냐고 물으면서 발밑으로 돌을 던지는 아이의 행동을 끝까지 지켜봐주었습니다. 그렇게 아이가 진정할 때까지 기다렸다가 왜 그런 행동을 했는지 묻고 해결책을 찾도록 도와주었죠. 이처럼 아이가 문제행동을 보였을 때 재빨리 대체행동을 제안하면 더 큰 소란으로 번지는 일을 막을 수 있습니다.

나오며

2022년 12월에 전국 공립 초중학교 일반 학급에 다니는 아이 중 8.8%는 발달장애일 가능성이 있다는 조사 결과가 발표되면서 한때 일본이 떠들썩했던 적이 있었습니다. 10년 전 6.5%에서 2% 포인트 이상 상승한 결과였습니다. 저는 이 결과를 그만큼 특별한 요구 사항을 가진 아이들이 늘었다는 의미로 받아들였습니다.

이 책에는 다양해진 아이들의 요구 사항에 부응하면서 그들이 다른 아이들과 함께 생활하고, 공부하며 성장하는 과정을 도와주는 기본적인 기술을 담았습니다. 저는 이 책에서 소개한 기술들이 현재의 학교 교육을 실현하기 위해서 꼭 필요하다고 생각합니다.

우리 아이들은 지금, 코로나19 사태와 러시아-우크라이나 전쟁과 같이 예측 불가능한 일들이 잇따라 벌어지는 혼란스러운 시대를 살고 있습니다. 이런 상황에서 아이들이 잘 자랄 수 있게 지켜주기 위해서는 선생님, 그리고 부모님들이 먼저 달라져야 합니다.

이 책이 아이에게 다가가고 말을 거는 방식만이 아니라 아주 작게라도 여러분의 생각을 바꾸는 계기가 되기를 바랍니다. 마지막으로 다수의 작품을 그려주신 만화가 가나시로 냥코 님에게 감사의 인사를 전합니다.